Abreißen und Aufbauen

Maë Schwinghammer

Löschen und alles neu schreiben? Einmal wissen, dieses bleibt für immer, dachte ich dann aber, als ich am Fenster stand und meine wundervolle Stadt betrachtete. Darum entschied ich mich dagegen, den ersten Entwurf zu löschen, kein Neubautext solle es werden, der Inhalt stand doch schon auf einem guten Fundament. Darum lieber kleine grammatikalische Ausbesserungen, Sanierung der Syntax und Renovierung des Vokabulars. Und schwupps – liegt dieser Text vor Ihnen und darf als Vorwort vor all den wunderbaren Worten stehen, die das »kursbuch oder-spree« noch so für Sie bereithält.

Ob die Autor*innen der vorliegenden Texte manchmal kurz davor waren, die Schreibmaschinenseiten oder Files in die analogen respektive digitalen Schuttcontainer zu schmeißen? Vielleicht. Ob manche Themen aus Zeitgründen dem Erdboden gleichgemacht wurden? Das werden wir nie erfahren. Was wir aber erfahren, das sind Geschichten, die das Bauen erzählt, manche erbaulich, andere vertraulich, aber eines auf jeden Fall: anschaulich. Diese Texte sollen uns ein Flächendenkmal sein, ein Geflecht aus vielfältigen Perspektiven, verzahnt wie ein Fischgrätparkett.

Abreißen Die Verlockung, alles – Texte, Parkettböden und Denkmäler – auseinander-, heraus- und umzureißen, alles neu zu machen, ist und war immer schon eine große. »Es ist leichter einzureiszen als aufzubauen«, schreibt schon Friedrich Nösselt 1827 in sein »Lehrbuch der Weltgeschichte für Bürgerschulen«. So antwortet auch Bauherr Alexander der Große aus Beeskow auf die Gretchenfrage des Buchthemas: »Natürlich abreißen. Das macht mehr Spaß, da steht eine Wucht dahinter.« Für ihn bleibt es aber eine konstruktive Tätigkeit: »Aber ich reiße ab, um Neues aufzubauen.«

Was aber ist mit jenen Gebäuden, die bleiben? »Historiker sind über solche steinernen Zeugen der Vergangenheit, die den gesellschaftlichen und kulturellen Wandel in sich zementiert haben, immer glücklich. Sie können daran ablesen, was sie das ›Gewordensein‹ nennen«, lese ich in einem der Beiträge. Und ich denke mir: ›Was sagt es aus über uns, welche Gebäude wir verfallen lassen, welche wir sanieren, welche wir abreißen und welche neu bauen? Zeige mir die Ruinen deiner Stadt, und ich sage dir, wer du bist!‹

Nichts ist von Dauer, wie die Gesellschaft sind auch Städte und Dörfer ständigen Wandlungen, unaufhörlichen Metamorphosen unterworfen. Einstürzende Neubauten, Massivbauten und überall Ton, Steine, Scherben. Ein einziges Karussell aus Gebäuden, die die gewidmete Baufläche betreten und solchen, die sie wieder verlassen und Platz machen für: Altes? Neues? Bereits Dagewesenes? Modernes? Modernisiertes? Jeder Abriss stellt auch gleichzeitig die Frage nach dem, was nachfolgen soll. Ich frage Sie: Was würden Sie bauen?

Aufbauen

Bau Haus!
Bau Haus aus!
Bau Bauhaus!
Bau Bauhaus aus!
Bau Haus aus Bauhaushaus!

Wie fasziniert ich war, als ich als Stadtkind bei einer Urlaubswanderung das erste Mal ein Familiengehöft bewusst wahrnahm und von oben mit freiem Auge erkennen konnte, in welcher Reihenfolge die vier Gebäude auf diesem Fleck grüner Erde entstanden und wieder verfallen waren. Warum baute jede Generation ihr eigenes Haus, anstatt das alte weiter zu nutzen? Ausschließlich kleine Mietwohnungen kennend, erschloss sich mir nicht, warum ein Haus – mein absoluter Kindheitstraum – allein nicht schon reichen sollte.

Noch bin ich zwar weit davon entfernt, ein Grundstück, geschweige denn ein Haus zu besitzen, aber die Fragen stellen sich schon lange vor dem ersten Spatenstich: Bungalow? Mehrgeschossig? Erdwärme? Solaranlage? Oder doch gleich ein Kloster? Am Ende bleibt das Bauen auch immer eine Frage der Möglichkeiten, und Geld ermöglicht Möglichkeiten. In einem Beitrag lese ich von »Spitzenarchitektur von David Chipperfield am Scharmützelsee«. Braucht es nur noch das passende Kleingeld, kostet der Quadratmeter vor Ort doch 7.000 Euro. Da beschließe ich lieber, auf Magie zu setzen, vielleicht finde ich einen Trick bei David Copperfield, der mir dabei hilft, das Geld herzuzaubern.

Was mich auch zu der Frage führt, warum ich hier eigentlich schreibe und Sie eigentlich hier lesen. Nun, ich kriege einerseits Geld dafür (für mein zukünftiges Haus am Scharmützelsee), und andererseits war ich 2022 Burgschreiber*in zu Beeskow und durfte den Landkreis dadurch in vielen Facetten kennenlernen. Passend zum Thema dieses »kursbuches« war die Burg Beeskow während meiner Amtszeit eine Baustelle (Anmerkung Autor*in: Diesen Hinweis konnte ich mir leider nicht nehmen lassen, die Redaktion möchte mir verzeihen). Rückblickend gesehen hatte ich viel Pech, das Vorjahresthema »vom essen und trinken« hätte mir weitaus besser gelegen. Aber auch mit »abreißen und aufbauen« kann ich etwas anfangen. Ist die Arbeit von Architekt*innen und Schriftsteller*innen doch in gewissem Sinne gleichförmig. Textaufbau – Tiefbau. Hochliteratur – Hochbau. Textform – Bauform. Am Ende ist alles eine Form, das Essay eine literarische, der Massivbau eine architektonische.
Dieses »kursbuch« soll Ihnen alles davon sein, ein Traumgehäuse, eine Datsche, ein Bungalow oder ein Kloster, was immer Sie gerade brauchen, Sie müssen es nicht neu bauen, es ist schon alles da! Die richtige Bauform, das richtige Wort, die bessere Zukunft: Unterm Pflaster liegen die Strände, liegen die Mallorcas von Brandenburg, also los, entsiegeln wir die Böden!

vorherige Seiten:
In Kurylyszyns Recycling Zentrum Beeskow ist mittlerweile ein kleines Recycling-Gebirge gewachsen – Blick aus einem Radlader in Richtung Stadt.

linke Seite:
Liebt Technik und große Maschinen: Alexander Kurylyszyn neben seinem russischen UAZ, Baujahr 1985

Einer für alles

Ruth Buder

Kurylyszyn, Kurylyszyn. Überall Kurylyszyn Bau. Im Raum Beeskow sind die Firmenschilder an Straßen, Plätzen, Baustellen und auf Fahrzeugen unübersehbar. Alexander Kurylyszyn, der Chef des Ganzen, ist von seiner Statur auch unübersehbar – und dazu bekannt wie ein bunter Hund.
Beeskow ist seine Heimatstadt. Viele dort wundern sich über das Phänomen, wie ein Ein-Mann-Betrieb in nur gut zehn Jahren auf ein Unternehmen mit 325 Mitarbeitern und einem enormen Firmenvermögen wachsen konnte. Denn erst 2005 hat sich Alexander Kurylyszyn, der studierte Bauingenieur mit ukrainischen Wurzeln väterlicherseits, selbstständig gemacht. »Als Ich-AG mit einem Minibagger und einem Transporter habe ich angefangen und mich mit Kleinstaufträgen aller Art drei, vier Jahre über Wasser gehalten«, erzählt der 43-Jährige. Zu dieser Zeit war er verheiratet und hatte zwei kleine Kinder.

Erster Lkw mit gepumptem Geld gekauft

2009 dann eine dramatische Wende in seinem Familienleben. Das Paar trennte sich. »Das war eine Zäsur in meinem Leben. Ich musste mich komplett neu sortieren. Und ich wusste, ich muss mich von Leuten trennen, die nicht gut für mich waren«, erzählt er rückblickend. Alexander Kurylyszyn stürzte sich in Arbeit, und ab 2010 ging es mit seiner Firma aufwärts. »Meinen ersten Lkw habe ich zum Teil mit gepumptem Geld von einem Freund gekauft«, erzählt er. »Jetzt habe ich 80 Lkw. Viele sind bezahlt, aber auf etliche läuft ein Kredit. Aber das ist ja ganz normal.« Und er habe gute, zuverlässige Leute eingestellt, die seinen Elan mitgetragen hätten.

Schritt für Schritt hat sich der Erfolg eingestellt. War es Zufall? Glück? Fachkenntnis? Ehrgeiz? Cleverness? Unerschrockenheit? Vielleicht alles zusammen. Alexander Kurylyszyn sagt von sich, dass er ein »gutmütiger Mensch« sei, dass er fair mit seinen Leuten umgehe, dass er durch seinen eigenen Schicksalsschlag gelernt habe, wie wichtig Familie sei. »Ich glaube, meine Leute sind zu mir gekommen, weil sie wussten, dass ich sie vernünftig behandele und ordentlich und pünktlich bezahle.« Dieses Credo soll sich auch nach außen widerspiegeln. »Die freundliche Firma aus Beeskow« oder »Wir arbeiten mit Herz« steht an seinen Firmenfahrzeugen. Die Idee einer Marketingfirma? »Nein, das habe ich mir selbst ausgedacht. Diese Slogans sollen das Familiäre, das Soziale unserer Firma zum Ausdruck bringen.«

Firmengruppe mit sechs eigenständigen Unternehmen

Inzwischen hat Alexander Kurylyszyn weiter expandiert und eine ganze Firmengruppe mit insgesamt sechs eigenständigen Unternehmen aufgebaut. Als erstes kaufte er 2015 einen Teil der Recyclinganlage G.A.A. auf dem Friedländer Berg. Bauschutt, Bitumen und alles, was bei Abrissen unter den Bagger kommt, wird dort für die Wiederverwertung aufbereitet. »Dann gab es Anfragen, und schwupp kam eine weitere Firma dazu.« In dem neu gegründeten Fuhrunternehmen Peukert und der dazu gekauften GLF Garten- und Landschaftsbau Eisenhüttenstadt GmbH ist Kurylyszyns neue Frau Sylvia, geborene Peukert, die Geschäftsführerin. »Wir kennen uns seit 2014 und haben 2019 geheiratet. Sie ist die starke Frau an meiner Seite«, lobt er.

Meist günstiger als die Mitbewerber

Die Eisenhüttenstädter Gartenbaufirma hat Alexander Kurylyszyn erworben, weil sie ihm von den ehemaligen Eigentümern aus Altersgründen angeboten worden war und genau in das Portfolio des Bauunternehmens passte. Genauso wie C.U.T Containerdienst Fürstenwalde und eine kleine Gartenbaufirma aus Bad Saarow. Dazu gesellte sich Kutzker Bau aus Rauen mit elf Mitarbeitern. Letztere mündete in die Kurylyszyn Hochbau GmbH, mit der nun auch Wohnhäuser gebaut werden können. »Aus allen Firmen habe ich die Mitarbeiter und Technik übernommen, deshalb sind wir relativ schnell so angewachsen«, sagt der umtriebige Unternehmer. Die einzelnen Firmen, die quasi unter einem Dach arbeiten, aber eigenständig sind, schreiben sich gegenseitig Rechnungen. »Wir bieten inzwischen das komplette Programm an, vom Abriss über Recycling, Fuhrdienstleistungen, Tiefbauarbeiten bis hin zum Hochbau und Gestaltung von Außenanlagen.« Allein durch diese komplexe Firmenkonstruktion könne er bei Ausschreibungen häufig günstiger sein als seine Mitbewerber sagt er all denen, die glauben, dass nicht alles mit rechten Dingen zugehe, wenn Kurylyszyn auf eine öffentliche Ausschreibung wieder den Zuschlag bekommen hat.

»Alexander der Große«

Das Geschäft floriert, der Euro rollt. Viele Beeskower nennen ihn inzwischen »Alexander der Große«. Nicht nur wegen seiner stattlichen Figur, sondern auch wegen seines großen Mercedes', seines unübersehbaren Firmengebäudes an der Frankfurter Straße neben der kleinen Spree und des prächtigen privaten Wohnhauses gleich nebenan, vor dem inzwischen eine Mauer einen Einblick in die Privatsphäre verhindert. Wer das sanierte Firmengebäude, in dem schon sein Großvater Franz Möhring in Beeskow Baugeschichte schrieb, betritt, darf zunächst im Foyer auf einer robusten Ledercouch Platz nehmen, ehe er im Obergeschoss durch einen Beratungsraum mit riesigem Holztisch und wandfüllendem Bildschirm ins 140 Quadratmeter große Büro des Chefs geführt wird – ausgestattet mit lederner Sitzecke im Chesterfield Style, großzügigem Kamin und rustikalem Schreibtisch. Um die Weihnachtszeit leuchten um das Kurylyszyn-Anwesen Lichter wie auf dem Weihnachtsmarkt. Der Besitzer ruft angesichts dieses ausgestellten Reichtums auch Leute auf den Plan, die nicht nur gut darüber reden. »Wenn ich in Berlin oder Bad Saarow wohnen würde, wäre das sicher ganz normal, dass ein erfolgreicher Unternehmer so wohnt. In Beeskow sind schnell Neider da, auch weil man sich persönlich kennt, mit vielen per Du ist.«

Rund um die Uhr für die Firma da

Eine Nummer kleiner, ja, das wäre möglich, aber warum? »Man hat doch nur das eine Leben, und ich möchte mich mit schönen Dingen umgeben, die mir und meiner Familie Freude machen. Ich liebe das alles, und ich werde hier nie weggehen. Dafür arbeite ich sehr hart und bin quasi rund um die Uhr für die Firma und für meine Mitarbeiter da.«

Vielleicht haben sich Neider auch die Hände gerieben, als vor Monaten Zoll und Landeskriminalamt das Beeskower Bauunternehmen ins Visier nahmen und die Medien darüber berichteten. Der Verdacht: Kurylyszyn habe nicht recyceltes Material, sondern Abfall als Baustoff nach Polen geliefert. Von Anfang an hat sich Alexander Kurylyszyn öffentlich gegen diese Kriminalisierung verwahrt und seine Anwälte eingeschaltet. Doch das Verfahren ist bis heute nicht abgeschlossen, sondern immer noch bei der Staatsanwaltschaft anhängig. »Besonders geärgert hat mich, dass ich mit der Müllmafia in einen Topf geschmissen wurde«, sagt der Unternehmer, der damit rechnet, dass sich das Verfahren noch einige Jahre hinziehen wird. Seine wirtschaftlichen Kontakte zu Polen habe er zunächst eingestellt – bis alles geklärt sei. Und obwohl er ein gutes Gewissen habe, belaste es ihn, im Fokus der Sicherheitsbehörden zu stehen, gibt er zu.

Auch der Sohn lernt bei seinem Vater

Wirtschaftlich geschadet haben ihm die Schlagzeilen offenbar nicht. Die Geschäfte laufen gut, Probleme mit fehlenden Mitarbeitern, wie sie heute Unternehmen fast ausnahmslos beklagen, hat Kurylyszyn Bau nach eigenen Angaben nicht. Etwa

rechte Seite:
Blick auf Kurylyszyns Recycling-Gebirge

17 Azubis gehören ständig dazu. Auch sein 19-jähriger Sohn Jan Gregor aus erster Ehe lernt bei seinem Vater. Ob die beiden Emilias (die 16-jährige Tochter aus erster Ehe und die Tochter seiner Frau aus einer anderen Beziehung tragen den gleichen Namen) oder der gemeinsame sechsjährige Sohn Valentin mal in die Firmengruppe eintreten, bleibt abzuwarten. Alexander Kurylyszyn schaut jedenfalls optimistisch in die Zukunft. Er ist ein Macher, der sich nicht so schnell Angst einflößen lässt. »Ich habe starke Nerven und ich schlafe gut.« Auch gesundheitlich gehe es ihm trotz seiner Körperfülle bestens. »Ich nehme keine einzige Tablette.« Freizeit bleibe nicht viel, obwohl ihm seine Familie sehr wichtig sei. Spaß mache ihm, mit seinem kleinen Sohn angeln zu gehen oder Boot zu fahren. Seinen komfortablen Privat-Pkw tauscht er auch gern mal mit seinem Russen-Jeep. Ein UAZ, Baujahr 1985. Den hat Alexander Kurylyszyn nach der Wende für 1.600 D-Mark bei einer Versteigerung aus Armeebeständen gekauft. Jetzt, wo Russland die Ukraine angegriffen hat und weltweit dafür geächtet wird, hält sich Alexander Kurylyszyn mit Fahrten zurück. »Man weiß ja nicht, wen das schon wieder stören könnte.«

»Ich reiße ab, um Neues aufzubauen«

Wo er mit seinem Unternehmen in zehn Jahren stehen wird, kann er sich noch nicht ausmalen. Sich noch weiter zu vergrößern, ist nicht sein Plan, aber wenn es sich ergibt … Immer noch liebt er die Technik, die großen Maschinen, die was schaffen, was bewegen. »Die waren schon immer meine Leidenschaft.« Und wenn man Alexander Kurylyszyn fragt, was er denn lieber täte, abreißen oder aufbauen, lacht er und sagt: »Natürlich abreißen. Das macht mehr Spaß, da steht eine Wucht dahinter. Aber ich reiße ab, um Neues aufzubauen.«

"CAVE"
BUCHWALD
39

vorherige Seiten:
Beim Verlegen von Leitungen für Regenwasser, Schmutzwasser und Trinkwasser in der Beeskower Mauerstraße kommen auch die baubegleitenden Archäologen auf den Plan.

linke Seite:
Steine sind ihr Ding: Hanne Decker ist Archäologin in einer Berliner Grabungsfirma.

Den Bagger im Rücken

Anne-Marie Graatz

Baustellenzäune, Warnschilder, Fahrzeuge, die den Baustelleneingang versperren, überall Löcher und Erdhaufen. Baustellen haben auch immer etwas von Schlachtfeldern. Dieses nennt sich Beeskower Mauerstraße, voraussichtliche Bauzeit von April bis Oktober 2022. Einen Zugang zu finden, ist gar nicht so einfach. »Wo sind denn hier die Archäologen?«, frage ich einen der Bauarbeiter, der mich verdutzt ansieht, nachdem ich ein Schlupfloch gefunden habe und plötzlich auf der Baustelle stehe. »Da drüben die drei«, antwortet er. Und da sind sie. Anstatt mit Strohhut und Pinsel bewaffnet, wohl eines der häufigsten Klischees, tragen sie Funktionskleidung und unterhalten sich stehend am Rand einer Grube.

Mit Archäologie verbindet man oft einen Hauch von Abenteuer und den Traum vom Schatzsuchen. Aber nur die wenigsten verwirklichen ihre Träume. Hanne Decker ist eine von ihnen. Sie ist Archäologin in einer Berliner Grabungsfirma und begleitet das Beeskower Bauvorhaben seit April.

Bei Wind und Wetter

Ihre Begeisterung für »Vergangenes« begann schon früh: »Als Kind wollte ich Schatzsucherin werden, der Klassiker. Meine Eltern haben immer schon Antiquitäten gesammelt, meine Großeltern waren ständig in Ägypten, und irgendwie hat mich das als Kind fasziniert.« Nach einem Studium der Klassischen Archäologie, Ägyptologie und des Italienischen wechselte Hanne Decker zur Prähistorischen Archäologie. Dort liegt der Schwerpunkt mehr auf der Praxis, dem Ausgraben. Rumgekommen ist sie auch ganz schön: Sie hatte mehrmonatige Ausgrabungseinsätze in Ägypten, Jordanien und natürlich in Deutschland.

Steine sind ihr Ding, bearbeitete Steine, fügt sie mit einem Lächeln hinzu. Was für die meisten auf den ersten Blick unspektakulär klingen mag, ist für Hanne Decker Passion. Im Büro der Berliner Grabungsfirma archäologie bnb zeigt sie einen bearbeiteten und geschliffenen Stein. Dabei klärt die Steinzeitexpertin über die Bedeutung des Steins als Fund in einem Kindergrab und das Problem der zeitlichen Datierung auf. Denn diese mutmaßliche Fünfeckaxt, so der wissenschaftliche Zungenbrecher, passt nicht zu der Bestattungsart.

Der Reiz des Jobs liegt in der Abwechslung

Als Archäologin ist man immer auch etwas Detektivin. Dieser »Ermittlungstätigkeit« geht die 40-jährige Deutsch-Französin, die aus dem Rheinland stammt, schon seit mehreren Jahren in Berlin und Brandenburg nach. Die Abwechslung, das Draußensein in Kombination mit der wissenschaftlichen Arbeit, macht für sie den Reiz an der Archäologie aus: »Das Schöne ist, es gibt keinen echten Alltag! Ich habe teilweise Projekte, wo ich monatelang draußen bin. Letztes Jahr war ich das komplette Jahr im Oderbruch, und dann gibt es Zeiten, wo man viel im Büro sitzt, die Funde auswertet, Literatur wälzt und versucht, Datierungen herauszubekommen.« Egal ob bei 30 Grad im Schatten oder minus 20 Grad – Hanne Decker gräbt das ganze Jahr aus. Das Grabungsgeschäft läuft so gut, dass sie sich eigentlich vor Aufträgen nicht retten können und nahezu unterbesetzt sind. Insgesamt arbeiten etwa zwölf Archäologen in der Grabungsfirma, darunter fünf Frauen. Ihr Einsatzgebiet erstreckt sich von Mecklenburg-Vorpommern über Berlin bis ins südliche Brandenburg.

Ohne Baustellen weniger Ausgrabungen

Dass Archäologen in privaten Grabungsfirmen arbeiten, ist seit der Wende in Brandenburg üblich, berichtet Martin Petzel, Archäologe und Gebietsreferent für Oder-Spree im BLDAM (Brandenburgisches Landesamt für Denkmalpflege und Archäologisches Landesmuseum). Die Grundlage dafür ist das sogenannte Verursacherprinzip, welches besagt, dass der Veranlasser des Eingriffs die Kosten für die archäologische Untersuchung im Rahmen des Zumutbaren zu tragen hat. Zumutbar bedeutet, bis zu fünf Prozent der Bausumme kann bei privaten Bauvorhaben für die Archäologie berechnet werden. Eine der Folgen ist, dass es nur wenige reine Forschungsgrabungen gibt und archäologische Baubegleitungen dominieren. Zu DDR-Zeiten waren mehr als 100 Mitarbeiter im Landesamt für Denkmalpflege angestellt und haben die Grabungen selbst durchgeführt. Mittlerweile hat sich der Personalbestand auf ungefähr 20 Stellen für die reine Archäologie eingepegelt. Ohne Baustellen also keine oder weniger Ausgrabungen.

Hanne Decker gräbt oft, sehr oft, wie sie sagt, baubegleitend, manchmal auch bauvorbereitend aus. So auch in Beeskow.

Nach dem dritten oder vierten Einsatz mit ihrer Grabungsfirma in der Kreisstadt, kann man sie langsam als Beeskow-Expertin bezeichnen. Nun untersucht sie die Erdschichten der Mauerstraße, in der neue Leitungen für Regenwasser, Schmutzwasser und Trinkwasser verlegt werden. Das heißt, vor dem Bagger zu stehen und ganz genau zu beobachten, was er mit seiner Schaufel an die Oberfläche befördert: »Im besten Fall sieht man eine deutliche Verfärbung, dann legt man zunächst ein Planum, eine ebene Fläche, an, damit die Bodenverfärbungen besser zu erkennen sind. Die Verfärbungen können unter anderem Feuer-, Abfall-, Siedlungsgruben oder ein Grab sein«, erklärt die Archäologin routiniert.

Kompakt, lehmig, stinkend

In der Kulturschicht, also die Bodenschicht, in der sich Überreste einer menschlichen Kultur finden, kommt in der Mauerstraße »ein kompaktes, lehmiges, stinkendes Zeug« zu Tage. Diese Schichten enthalten zahlreiche Knochen und Keramikscherben und entstanden vermutlich im 13. oder 14. Jahrhundert, als die Beeskower jahrzehntelang ihre Nachttöpfe auf die Straße entleert haben. Eine überraschende Entdeckung machte die Archäologin am Mäuseturm. Dort wurde ein Tunnel oder Kanal aus Feldsteinen und Ziegeln gefunden. Über die genaue Nutzung ist man sich unsicher. Ein Anwohner erzählte ihr, dass er als Kind direkt von seinem Keller durch den Tunnel gekrochen sei und dieser bis zur Marienkirche führen soll. Wissenschaftlich belegt wurde diese Theorie eines »Fluchttunnels« bisher nicht. Vor ein paar Jahren hat man rund um die Kirche bis auf vier Meter tief gegraben und nichts dergleichen entdeckt.

Zwischen Bauarbeitern und Bauherren

Wie ist es eigentlich als Frau auf einer Baustelle? »Man geht nicht unter«, sagt Hanne Decker grinsend, und: »Es gibt Vor- und Nachteile. Es hat den Vorteil, dass sie dir helfen wollen à la: ›Oh nein, das kannst du doch nicht tragen!‹« Manchmal gibt es aber auch Sprüche. »Raus aus meinem Schwenkbereich, Mäuscken«, ist so einer. In solchen Situationen weiß sie sich aber zu helfen und gibt Kontra: »Dem bin ich ordentlich ins Gesicht gesprungen, das geht gar nicht.« Trotzdem, stellt Hanne Decker resümierend fest, seien die meisten total nett.

Und was sagen die Bauarbeiter zu ihren Archäologenkollegen und den parallelen Arbeiten? Vorarbeiter Michael sieht es locker: »Wir haben zwar Termindruck und müssen zwischendurch immer warten, aber wir graben dann an der einen Stelle und die buddeln an einer anderen. Solange die Stadt wegen der Termine mitspielt, geht das schon.« Auf der Baustelle herrscht gute Stimmung. Im Hintergrund erklingt: »Michael, du bist unser Held und weest wat!« Einer der Bauleute sei auch so »ein Fuzzi« und suche Scherben, berichtet Vorarbeiter Michael lachend. Ein Bauarbeiter mit dem Herz eines Archäologen, da kann ja nichts schiefgehen.

rechte Seite:
Bei den Arbeiten in der Beeskower Mauerstraße wurden in der sogenannten Kulturschicht Knochen und Keramikreste gefunden.

»Arrangieren« ist eines der meist gefallenen Worte im Zusammenhang mit der archäologischen Baubegleitung. Ohne dem geht nichts, bekräftigt Hanne Decker: »Eine Baustelle steht und fällt mit der Absprache untereinander.« Auf der Beeskower Baustelle klappt dies gut, nur einmal musste sie für anderthalb Tage einen Baustopp verhängen. »Das wird dann natürlich an die Stadt weitergegeben, dass wir schuld sind, aber die Bauarbeiten konnten an einer anderen Stelle weitergehen«, klärt die Steinzeitexpertin auf. Konflikte mit den Auftraggebern gibt es immer wieder, hauptsächlich hat sie aber gute Erfahrungen gemacht. Die Archäologen wollen die Bauvorhaben nicht aufhalten. »Eine baubegleitende Maßnahme ist keine Forschungsgrabung. Wissenschaftliche Fragestellungen stehen nicht im Mittelpunkt, sondern die Dokumentation bis zur endgültigen Bautiefe«, stellt Hanne Decker klar.

Die Kosten im Blick

Mario Gericke vom Bauamt der Stadt Beeskow hat als Bauherr den fristgerechten Ablauf und damit die Kosten im Blick. Er hadert ein wenig mit dem System und wünscht sich einen größeren Beitrag von der Denkmalfachbehörde. »Die Verantwortung und Pflicht wird auf den Bauherrn übertragen, jedem wird auferlegt, einen Archäologen zu beauftragen und die Kosten zu übernehmen.« In einer Zeit, in der die Preise für Baumaterialien stetig steigen und Lieferengpässe an der Tagesordnung sind, kann man solche Bedenken nachvollziehen. Enttäuschend ist für ihn vor allem, dass nicht etwa eine neue »Himmelsscheibe« gefunden wurde, sondern nur, was vorher schon bekannt war. Demgegenüber stünden die Kosten für die Präsenz der Archäologen. Schlussendlich belaufen sich die Ausgaben für die Archäologie aber nur zwischen 10.000 und 15.000 Euro – von rund einer halben Million Euro der gesamten Baukosten.

Auf die Menschen einzugehen, den Prozess zu erklären und für Verständnis zu werben ist also ebenso wichtig wie die eigentliche archäologische Arbeit. Das weiß auch Hanne Decker. Darum geht sie in Dörfer auf Infoveranstaltungen oder nimmt sich am Rand einer Grabung Zeit für die Fragen der Einwohner. Denn das Problem an der Archäologie ist: Was nicht dokumentiert wird, ist für immer verloren.

Ausbau Mauerstraße 4. BA Beeskow
Dieses Projekt wird im Rahmen der Städtebauförderung anteilig mit Mitteln des Bundes, des Landes Brandenburg und der Stadt Beeskow realisiert.
Bauherr Los 1 und 3:
Stadt Beeskow
Berliner Straße 30
15848 Beeskow
Tel.: 03366 42233
Bauherr Los 2:
Wasser- und Abwasserzweckverband Beeskow und Umland
Kohlsdorfer Chaussee 1
15848 Beeskow
Tel.: 03366 24102
Ausführung Los 1 und 2:
Buchwald GmbH
Mozartstraße 12
15234 Frankfurt (Oder)
Tel.: 0335 414390
Archäologie:
Archäologie BNB
Hönower Straße 35
10318 Berlin
Tel.: 030 50378380
Planung Ingenieur- und Verkehrsanlagen:
Ingenieurgesellschaft Frankfurt (Oder) mbH
Baumschulenweg 48
15236 Frankfurt (Oder)
Tel.: 0335 683570
Planung Elektro:
Ingenieurbüro Jens Ulbrich
Beeskower Chaussee 6
15848 Rietz-Neuendorf / OT Groß-Rietz
Tel.: 03366 26254
Ausführung Los 3:
Elektro Sztankovics
Parkstraße 4
15848 Ragow-Merz
Tel.: 03366 20523
Bundesministerium für Digitales und Verkehr
50
1971 – 2021
Städtebauförderung
Land Brandenburg
Ministerium für Infrastruktur und Landesplanung
Beeskow
an der Spree
50

LOS H 213

vorherige Seiten:
Altersgerechter Wohnkomfort: Anne Langpap und Daniel Höritzsch haben sich bewusst für einen Bungalow als Bauform entschieden.

linke Seite:
Rückkehr aufs Land: Anne Langpap und ihr Lebenspartner Daniel Höritzsch genießen die Ruhe und den Platz auf ihrem Grundstück in Merz.

Alles auf einer Ebene

Stephanie Lubasch

An der spätgotischen Merzer Feldsteinkirche links. Die schmale Anliegerstraße in dem 250-Seelen-Ort am Rand des Schlaubetals ist vorbildlich ausgebaut, der Hausbestand daneben historisch gewachsen. Erst ganz am Ende, bevor der Weg sich wieder nach vorn zur Hauptstraße hin krümmt, tauchen auf zaunlosen, meist noch spärlich bewachsenen Grundstücken ein paar einzelne Neubauten auf.

Im Vorgarten von Anne Langpap haben sich immerhin schon Rasen und ein paar Stauden ausgebreitet. Den Unterschied zur großflächigen Dorfrandsiedlung mit ihren Einheitsparzellen-Reihen macht dabei nicht zuletzt, dass der Blick auf ein kleines Wäldchen fällt. Und dann sind da links die drei alten Eichen, die ihre Äste Richtung Garage strecken. Eine vierte in der Mitte des Grundstücks hat dem Haus weichen müssen – wäre es nach ihnen gegangen, sagt Langpaps Lebenspartner Daniel Höritzsch, hätten sie es weiter hinten gebaut und die Eiche wäre erhalten geblieben. Das aber sei baurechtlich nicht möglich, das Haus dann zu weit aus der Flucht zu den übrigen Häusern gewesen …

Auf dem Land aufgewachsen

Anne Langpap ist in Merz aufgewachsen – ihre Eltern wohnen nur sechs Häuser entfernt, gemeinsam mit Langpaps Schwester und deren Mann, gleich daneben ihre Großmutter, Onkel, Tante und Cousinen. Daniel Höritzsch kommt ebenfalls vom Dorf. »Wenn man das kennt«, sagen sie, »wünscht man sich das auch für die eigenen Kinder.«

Nach der Geburt von Tochter Mila steht darum für beide fest, dass die Fürstenwalder Mietwohnung ausgedient hat. Sie wollen von der Stadt zurück aufs Land – und machen sich auf die Suche nach einem Haus. Einem fertigen. Bis sie 2017 aus Zufall auf das zum Verkauf stehende Grundstück in Merz aufmerksam werden. Bauland in Anne Langpaps Heimatdorf! Das Paar zögert nicht lange: »Damals waren die Kredite ja noch günstiger, selbst die Miete für eine größere Wohnung wäre teurer gewesen. Und wir wollten gern in der Region bleiben.« Zumal Merz recht zentral gelegen ist: 30 Minuten braucht man mit dem Auto nach Frankfurt (Oder) und Eisenhüttenstadt, wo Anne Langpap in der Sparkasse Oder-Spree arbeitet, 40 Minuten nach Fürstenwalde, 12 bis in die Kreisstadt Beeskow. Also heißt es nun: bauen! Wobei das Paar bei der Wahl des passenden Haustyps nicht lange überlegen muss. Ein Bungalow soll es sein – ein flaches Haus mit nur einer Wohnebene. »Weil es altersgerecht ist«, gibt sich Daniel Höritzsch in punkto Barrierefreiheit trotz seiner erst 35 Jahre weitsichtig, denn noch einmal umziehen will er nicht. »Und natürlich«, fügt Anne Langpap hinzu, »hat uns der Haustyp auch optisch gut gefallen.«

Die Deutschen lieben moderne Baustile

Das Paar liegt damit voll im Trend: Wie die Onlineplattform Immoblienscout24 in den vergangenen Jahren durch die Auswertung von Daten ihrer Hausplanungsrechner herausgefunden hat, lieben die Deutschen moderne Baustile: 29 Prozent der angehenden Bauherren im Land bevorzugen demnach einen Bungalow; lediglich die Stadtvilla ist mit 40 Prozent noch beliebter. Im Landkreis Oder-Spree entschied sich in den vergangenen sechs Jahren sogar etwa die Hälfte der Eigenheimbauer für den eingeschossigen Haustyp – das waren pro Jahr immerhin zwischen 318 (2016) und 402 (2020).

Was viele nicht wissen: Seinen Ursprung hat der Bungalow eigentlich in Bangladesch. Britische Kolonialherren exportierten die Bauform und das Wort Ende des 19. Jahrhunderts nach Europa. In den USA gehören Bungalows in Holzrahmenbauweise bis heute zu den beliebtesten Hausformen. Hierzulande verband man sie seit den 1960er-Jahren vor allem mit Moderne und Bauhaus-Eleganz – in Bonn entstand in dieser Zeit zum Beispiel der sogenannte Kanzlerbungalow. Während sich die Bundesdeutschen einen erschwinglichen Bungalow in Fertigbauweise sogar im Quelle-Versandhauskatalog bestellen konnten, wurde eine Minimalversion der puristischen, zumeist flachdachigen Eingeschosser in der DDR wiederum zum Synonym für Wochenendhäuser.

I-, U- und L-Form

Das hat sich längst geändert. Statt an 30 Quadratmeter Ferienfreiheit denkt man auch zwischen Oder und Elbe heute bei dem Begriff Bungalow eher an meist uniforme Einfamilienhäuser auf der grünen Wiese. Es gibt sie als Massiv-, Holz- und Fertigbau, mit und ohne Keller, klassisch verputzt und mit Klinkerfassade, in I-, U- und L-Form (Winkelbungalow), mit traditionellem Flach-, immer öfter aber auch mit Zelt- oder Walmdach.

Neben Vorteilen wie der durch die Eingeschossigkeit gegebenen Barrierefreiheit und großer Freizügigkeit bei der Raumgestaltung hat der Baustil freilich auch einige Nachteile: So benötigt man für dieselbe Wohnfläche mehr Grundstück.
Für Anne Langpap und ihren Partner ist das bei einer Grundstücksgröße von 1.800 Quadratmeter kein Problem. Und auch, dass ein Bungalow im Gegensatz zu klassischen Einfamilienhäusern mit höheren Kosten für Dachfläche, Wärmeisolierung etc. aufwartet, schreckt das Paar nicht, da es vorhat, vieles selbst zu machen.
Die Firma, die das Traumhaus bauen soll, ist schnell gefunden: »Ich habe bei denen mal gearbeitet, und es hat mir gut gefallen«, erzählt Daniel Höritzsch, der sein Geld als Putzer verdient. Ein Massivhaus soll es sein, das das Paar sich aus einem Katalog aussucht. Kleinere Änderungen sind noch möglich, und die Firma ist einverstanden, dass die Bauherren einiges an Eigenleistungen einbringen möchten.

Jeden Tag zur Baustelle

Am 1. Oktober 2018 fällt auf dem Grundstück in Merz die eine der vier alten Eichen – dann geht es los. Die Fürstenwalder Mietwohnung hat das Paar da schon aufgegeben und ist bei Anne Langpaps Eltern eingezogen. Nicht nur, um Geld zu sparen. »Wir wollten auch vor Ort sein, sind jeden Tag zur Baustelle gegangen«, sagt die 33-Jährige. Eine Zeit, die die beiden noch einmal mehr zusammenschweißt. »Und für Mila war es toll, ein Jahr bei Oma und Opa zu sein.«
Acht Monate dauern die Bauarbeiten. Dann steht der Bungalow: vier Wohnräume auf 120 Quadratmeter Fläche. Im August 2019 zieht die Familie ein. Sie hätten Glück gehabt: »Heute bei den Preisen würden wir das nicht mehr hinkriegen«, glaubt Daniel Höritzsch, der das komplette Haus selbst verputzt hat. Ganz abgesehen davon, wie schwierig es sei, an bestimmte Baumaterialien zu kommen.
Nur gut, dass der 35-Jährige die Garage neben dem Haus schon fertig gebaut hat. Als nächstes ist nun die Terrasse dran. Immer Schritt für Schritt. Es soll ja auch Zeit bleiben, das neue Leben auf dem Land zu genießen. Zumal die Familie noch einmal größer geworden ist: Mila hat jetzt einen kleinen Bruder. Auf beide Kinder warten hinterm Haus, wo das Grundstück ans Maisfeld grenzt, schon Trampolin, Spielturm, Holzhütte und Schaukel.
Was sie an ihrem neuen Haus am meisten schätzen? Die Ruhe, sagen Anne Langpap und Daniel Höritzsch, den Platz. Spätestens bis zur Rente, hoffen sie, werden sie ihren Kredit abbezahlt haben – und dann einmal mehr die Ebenerdigkeit ihres Bungalows genießen.

Funktional, nicht ästhetisch

Bauingenieur Armin Gebauer von der »ebus GmbH – energiebewusstes Bauen und Sanieren« in Briesen/Mark kann das verstehen. Für viele – egal ob jung oder alt – sei die Barrierefreiheit der Hauptgrund, sich für diesen Haustyp zu entscheiden.

rechte Seite:
»Wohnwende« auch in Eisenhüttenstadt: Einst wohnte man hier in der »Platte« (l.), heute entstehen auf den rückgebauten Flächen Eigenheime im Bungalowstil.

»Andere schätzen das Wohlfühlklima, das das Wohnen auf einer Ebene bietet.« Aus Sicht des Architekten allerdings spreche wenig für den Bungalow. »Ein Architekt orientiert sich am ›Goldenen Schnitt‹, und beim Bungalow werden die Proportionen nicht eingehalten. Das Dach ist viel zu flach, so entsteht eine Disharmonie. Wenn man das nicht noch mit stehenden Formaten, viel Glas zum Beispiel, aufwertet ... Ein Bungalow entspricht eben nur der Funktion, nicht der Ästhetik.«
Und die Ökobilanz? Grundsätzlich, sagt Gebauer, unterliege natürlich auch der Bungalow dem Gebäudeenergiegesetz (GEG). Fakt sei jedoch, dass er durch die flächige Bauweise eine größere »Umfassungshülle« habe, ergo mehr »Abgabefläche« und daher besser gedämmt werden müsse. »In der Konsequenz ist also mehr Material und Energie zu investieren als beispielsweise bei einem mehrgeschossigen Einfamilienhaus.«
Für eine wirkliche Fehlentwicklung aber hält Gebauer das massenhafte Aneinanderreihen des Haustyps, wie man es oft in neu ausgewiesenen Bebauungsgebieten sieht. Wer einem Ort ein Gesicht geben will, braucht verschiedene Baukörper, höhere, flachere, verschiedene Dachformen. Natürlich lässt sich so etwas regulieren; da ist die Politik, sind die Gemeinden gefragt. Die meisten von denen jedoch wollen ihr Bauland vor allem gewinnbringend verkaufen – und stärkere Vorgaben senken die Nachfrage.

Immobilien als letzte sichere Geldanlage

Genau die Gesetze dieses Marktes sind es, die den Bungalow als Lieblingshaustyp vor allem der Ostdeutschen gerade wieder ausbremsen: Seit zwei Jahren sei der Trend am Abklingen, sagt Gebauer. »Zwischen 2010 und 2020 sind extrem viele Bungalows entstanden, das hing mit der Niedrigzinspolitik zusammen. Auch die Grundstückspreise waren geringer als jetzt, die Leute konnten sich mehr Wohnfläche leisten.« Mit den zunehmenden Krisen in der Welt aber gelten Immobilien vielen gerade wieder als letzte sichere Geldanlage. »Die Nachfrage wird größer, und die Preise steigen.« In der Folge schrumpfen die Grundstücke, was den Bau eines Bungalows mit seinem hohen Flächenbedarf wenig sinnvoll macht.
Gut möglich also, dass das klassische Einfamilienhaus neben der Stadtvilla nun eine Renaissance erlebt. Anzeichen dafür gibt es schon.

Dachdecker • Zimmerer • Solar

Eisenhütten(FILM)stadt

EISENHÜTTENSTADT

vorherige Seiten:
Blick in das Eisenhüttenstädter Rathaus

linke Seite:
Michael Reh leitet in Eisenhüttenstadt den Bereich Stadtentwicklung.

Alles Denkmal

Karin Sandow

»Go West« klingt es bei der Fahrt durch Eisenhüttenstadt aus dem Radio. »Go East« wäre wohl passender. Ja, auch die Sänger dieses Titels, die Pet Shop Boys, zog es jüngst nach »Hütte« oder »Iron Hut City«, wie der Schauspieler Tom Hanks die Stadt liebevoll nennt. Prominente, Leute vom Film aus dem In- und Ausland, aber auch Architekturstudenten kommen immer wieder und schwärmen von der in den 1950er- und 1960er-Jahren für die Arbeiter und Angestellten des Eisenhüttenkombinates und deren Familien entworfene Planstadt. Sie bot Kulissen für Filme wie »Das schweigende Klassenzimmer« oder »Und der Zukunft zugewandt«, ist Studien- und Anschauungsort.
Dieses nationale und internationale Interesse ist Gabriele Rogge-Haubold und Michael Reh zwar angenehm, doch der Motor ihrer Arbeit sind die Menschen, die hier leben, ist die Entwicklung und Gestaltung ihrer Heimatstadt. Die Architektin Gabriele Rogge-Haubold kam in den frühen 1990er-Jahren in den Bereich Stadtentwicklung im Rathaus und leitete diesen, bis sie Ende 2019 in Rente ging und Michael Reh die Aufgabe übernahm. 1956, als Kind, ist sie nach Eisenhüttenstadt gekommen, hat also den Aufbau dort miterlebt. Die Wohnung mit Heizung, Warmwasser und Kinderzimmer sowie Kindergarten, Schule und Kaufhalle in der Nähe war für viele Familien damals ein Traum.

Prognosen versprachen bis zu 80.000 Einwohner

Gabriele Rogge-Haubold liebt die Stadt und hat sie nur fürs Studium verlassen, um dann am weiteren Aufbau mitzuwirken. In den 1980er-Jahren waren es überwiegend Plattenbauten, denn damals wurden Wohnungen gebraucht. Prognosen versprachen bis zu 80.000 Einwohner. Doch mit der Wende begann in Eisenhüttenstadt wie überall im Osten der Strukturwandel, Arbeitsplätze fielen weg, Familien verließen die Stadt, die Zahl der Geburten sank. Hatte die Stadt 1990 noch 50.000 Einwohner, werden inzwischen nur noch 23.000 gezählt. Von solcher Dramatik wollte zwar damals keiner hören, doch die Realität wurde Anfang der 2000er-Jahre mit Wohnungsleerstand offensichtlich. »Und wir wollten uns dieser Entwicklung rechtzeitig stellen«, betont die Stadtplanerin.

»Stadtumbau«, Sanierung und Abriss, als neue Form der Stadtentwicklung? Was ist wie zu tun, damit das, was übrig auch lebens- und liebenswert bleibt? Und wie das alles finanzieren? So lauteten die Fragen, die sich Planerin und Politiker stellten. »Die Wohnungsgesellschaften hatten Gutachter, die ihnen vorrechneten, wo was am sinnvollsten ist«, erzählt Gabriele Rogge-Haubold. Doch denen zu folgen, hätte in jedem der in Eisenhüttenstadt mit Nummern versehenen Wohnkomplexe, besonders im Denkmalensemble, Löcher gerissen. »Hier etwas weg, da ein paar Häuser saniert. Das war nicht das, was wir wollten. Wir wollten die Wohnungsgesellschaften motivieren, im Zentrum zu sanieren, dort, wo alle öffentlichen Einrichtungen vorhanden sind, es kurze Wege für die Bewohner gibt«, erklärt die Architektin.

Von anderen lernen und Fehler vermeiden

Also gab es neue Runden mit allen Beteiligten. Natürlich schaute man sich auch in anderen Kommunen um, in Schwedt und Cottbus zum Beispiel. Man wollte von dem, was dort gut lief, lernen und Fehler vermeiden. Die Aufgabe war für alle Neuland, auch bei der Finanzierung. Denn Förderrichtlinien des Landes sahen Unterstützung bei der Sanierung in sogenannten Sanierungsgebieten, also Gebieten mit schlechten Arbeits- und Lebensbedingungen, sowie Modernisierung und Instandsetzung in vor 1945 errichteten Häusern vor. »Das hatten wir nicht. Also mussten wir erst einmal erklären, dass wir hier das größte Flächendenkmal der 1950er- und frühen 1960er-Jahre Deutschlands auf mehr als 100 Hektar Fläche haben und dessen Erhalt nicht allein leisten können«, blickt Gabriele Rogge-Haubold zurück. Das hat Zeit und Kraft gekostet, ist aber geglückt. Nicht zuletzt auch durch die Unterstützung der Ministerien des Bundes und des Landes.

Die Sanierung im Denkmalbereich, also den ersten drei Wohnkomplexen sowie in den sich anschließenden Gebieten des Stadtzentrums, erforderte anderswo Abriss. Der siebente Wohnkomplex ist bis auf zwei Hochhäuser und ein sogenanntes Würfelhaus komplett weg. Der Aufschrei war groß, denn da fielen die zuletzt in der Stadt gebauten Wohnhäuser. Aber wäre die Sanierung des Plattenbaugebietes in Randlage wirklich eine Alternative zur drohenden Entleerung der Innenstadt gewesen?

Fast 7.000 Wohnungen wurden abgerissen

Fast 7.000 Wohnungen sind seit 1994 in Eisenhüttenstadt abgerissen worden, aber mehr als 10.000 auch saniert. Und das nicht nur im Denkmalbereich im Zentrum. Gabriele Rogge-Haubold zeigt gern den Teil des sechsten Wohnkomplexes, in dem sie selbst wohnt, wo man die Plattenbauten gar nicht mehr erkennt, die Häuser vielfältig gestaltet und farbig sind, teilweise Aufzüge haben, viel Grün das Ensemble auflockert. Für die Sanierung zogen die Bewohner aus, viele aber wieder zurück. »Einige, die nicht in der Übergangswohnung warten wollten, bereuen es inzwischen«, weiß die Architektin.

Besonders präsent ist die Sanierung natürlich im Denkmalensemble, wo die Wohnungen sehr begehrt sind, der Leerstand zum Teil unter fünf Prozent liegt. »Für jeden einzelnen Wohnblock wurde zuvor der Zustand dokumentiert und genau geschaut, was zu tun ist – immer beobachtet und begleitet von Denkmalschutz, Ministerium und Landesinvestitionsbank«, nennt Gabriele Rogge-Haubold nur einen Teil der Herausforderungen. Das ging nicht immer reibungslos. »Von der Sanierung im bewohnten Zustand etwa hat man sich schnell verabschiedet, das war weder den Bewohnern noch den Bauleuten zuzumuten«, räumt die Planerin ein. Viele Eisenhüttenstädter diskutierten oft heftig mit, etwa wenn es um die Farbgestaltung der Fassaden ging, die historischen Vorlagen folgte, was aber nicht für jeden sofort ersichtlich war. »Und man musste Baubetriebe finden, die sich die inzwischen eher vernachlässigten Techniken und Verfahren zu eigen machten, um den Gebäuden gerecht zu werden«, erklärt Gabriele Rogge-Haubold und zeigt zum Beispiel diverse Fassaden mit Putzschneidedekoren. Aufgrund des Denkmalschutzes waren Holzfenster und -türen unumgänglich. Schließlich galt es, auch in Denkmalbauten moderne energetische Anforderungen zu erfüllen, sie mindestens barrierearm auszustatten oder Grundrisse zu ändern. »In den ersten Wohnhäusern der neuen Stadt waren die Wohnungen sehr klein und hatten noch Ofenheizungen«, erinnert Gabriele Rogge-Haubold. Inzwischen haben einige der Gebäude Aufzüge erhalten und manche Balkone. Gefunden wurden diese Baukompetenzen vor allem in Betrieben aus der Region.

»So ein Denkmal muss leben«

Als Michael Reh den Bereich Stadtentwicklung von Gabriele Rogge-Haubold übernahm, fand er ein fast komplett saniertes Denkmalensemble vor. Nicht nur mit guten und gefragten Wohnungen, sondern auch der notwendigen technischen und sozialen Infrastruktur. Im ebenfalls sanierten ehemaligen »Handwerkerhof« und der einstigen Großgaststätte »Aktivist« haben die beiden Großvermieter ihre Geschäftssitze eingerichtet. »So ein Denkmal muss leben«, sagt Reh.

Aufgaben für die Stadtplaner sieht er auch künftig jede Menge. Denn jene Häuser, die vor 25 Jahren zuerst saniert wurden, müssten jetzt wieder angefasst werden. Einiges ist verschlissen,

rechte Seite:
Blick auf die Lindenstraße im Zentrum von Eisenhüttenstadt – im Hintergrund das alte Kaufhaus »Magnet« mit dem Wandbild »Deutsch-Polnisch-Sowjetische Freundschaft« (1967) von Walter Womacka

und es ändern sich Ansprüche und Anforderungen ans Wohnen. Daneben widmen sich Planer und Bauleute derzeit den Außenanlagen im Denkmalgebiet. Sichtachsen sollen wieder entstehen. Ein fast zugewachsener Springbrunnen wird absehbar zum Leben erweckt, ergänzt durch Repliken der ursprünglichen Brunnenfiguren. Auch der Platz des Gedenkens mit dem Ehrenmal für sowjetische Kriegsgefangene und Soldaten bedarf dringend einer Sanierung, die Planungen gestalten sich aus verschiedenen Gründen schwierig. Wichtig für das Erscheinungsbild der Stadt sind zudem die in die Jahre gekommenen Straßen, Gehwege und Grünanlagen im Denkmalbereich insgesamt. Und für das in Privateigentum befindliche ehemalige Hotel »Lunik«, das langsam zur Ruine mutiert, muss endlich eine Lösung gefunden werden.

Stolz auf das Gewachsene entwickeln

Letztlich steht jetzt wieder die Frage, wohin sich Eisenhüttenstadt entwickeln kann und soll. Michael Reh und Gabriele Rogge-Haubold, die nun als Rentnerin die Stadtentwicklung aufmerksam verfolgt, wünschen sich, dass die Menschen in Eisenhüttenstadt sich mit ihrem Lebensumfeld identifizieren, mehr Stolz auf das Gewachsene entwickeln. Manchmal sieht Michael Reh Leute am bronzenen Tastmodell der Stadt am Friedrich-Wolf-Theater stehen, Straßenzüge sozusagen erfühlen und dann in die entsprechende Richtung blicken. Das lässt ihn auf mehr Verständnis für die Stadtgestaltung hoffen. Wie Gabriele Rogge-Haubold weiß auch er, dass die Zahl der Bewohnerinnen und Bewohner der Aufbau-Generation schwindet. Von den nachfolgenden Generationen haben viele die Stadt verlassen. Zuzug und vor allem Familien werden gebraucht. Chancen dafür gebe es, meinen sie, sehen den gemeinsamen regionalen Wachstumskern mit Frankfurt (Oder), Arbeitsplätze im Stahlwerk, der Papierfabrik, im Handwerks- und Dienstleistungsgewerbe und neuen Bereichen, etwa in der Entwicklung der Schule für Gesundheitsberufe, die junge Leute anziehen kann. Bauland für Eigenheime steht zur Verfügung.

Potenziale auch im Bezug zum Wasser

Für noch mehr müsse die Infrastruktur stimmen, schnelle Zugverbindungen die Menschen aus anderen Industrieregionen zum Wohnen in den Osten des Landes bringen. Eisenhüttenstadt kann mit dem Denkmalensemble und weiteren sanierten Wohnbauten locken, aber auch mit Naherholungsgebieten wie der Insel, einer Schwimmhalle und Kultur. Im Bezug zum Wasser sehen Gabriele Rogge-Haubold und Michael Reh ebenso Potenziale. Ein weiterer Uferweg am Oder-Spree-Kanal wird gerade gestaltet. Und auch für alternative Wohnformen könnte die Stadt dort Neuland erschließen, hofft Reh. Noch Zukunftsmusik, vielleicht. Aber das war die Planstadt auch einmal.

vorherige Seiten:
Rückbau der Schießanlage: Das baufällige Forsthaus in Treppeln wurde bis 1989 von der Staatssicherheit als Ferienanlage genutzt – jetzt soll hier ein Kloster enstehen.

linke Seite:
Mönch und Projektbeauftragter: Pater Kilian treibt den Neubau eines Klosters in Treppeln voran.

Das neue Jerusalem

Uwe Rada

Wenn Pater Kilian im katholischen Pfarrhaus am Stiftsplatz in Neuzelle Gäste empfängt, zündet er eine Kerze an und serviert auf Wunsch auch einen Espresso. Zu Hause soll sich der Gast fühlen, so wie sich auch die Mönche des Zisterzienserpriorats zu Hause fühlen sollen in einem Kloster. In Neuzelle ist das eher nicht der Fall. »Neuzelle ist der Ort, an dem uns die Augen aufgegangen sind«, sagt Pater Kilian. »Es ist aber auch der Ort, wo wir sagen, hier, im Pfarrhaus, können wir nicht bleiben. Wir müssen wieder weg.«
Pater Kilian, Mitte vierzig, groß, schlank und voller Herzlichkeit und Humor, ist studierter Ökonom und damit auch der ideale Projektbeauftragte für eine Bauaufgabe, die es in Brandenburg lange nicht gegeben hat. Auf dem Gelände des ehemaligen Forsthauses Treppeln soll ein neues Kloster entstehen. Eines mit allem Drum und Dran: Kreuzgang, Klosterkirche, Kapelle, Gästehaus. »Auch für die Baubehörden ist das sicher eine Herausforderung«, scherzt Pater Kilian. »Aber wenn der Landkreis Oder-Spree mit einer Gigafactory zurechtkommt, dann bestimmt auch mit einem Kloster.«

Prunkvoll oder eher schlicht?

Wie baut man ein Kloster und wo? Soll es prunkvoll sein wie die Klosterkirche in Neuzelle oder eher schlicht? Wie wird es finanziert, und gibt es überhaupt Architekten, die das können? Schulbau, Wohnungsbau, Bürobau, schon klar, aber Klosterbau? Wie gut, dass es wenigstens den Idealplan der Zisterzienser gibt. Aus dem 12. Jahrhundert stammt er und schreibt vor, wie das Kloster im Kern angeordnet sein soll. Über 700 Mal sei er

bereits zur Anwendung gekommen, erzählt Pater Kilian. Der Vergleich mit dem Schulbau ist also nicht so weit hergeholt. In seinem Kern ist ein Zisterzienserkloster ein Typenbau.
Ganz anders sieht es bei der Klosterkirche aus oder bei der Frage, welche Materialien verwendet werden. Als Beispiel für einen Klosterbau aus jüngerer Zeit nennt Pater Kilian das Kloster Nový Dvur in Tschechien. John Pawson hat es entworfen, ein englischer Stararchitekt, der eigentlich Luxusyachten, Villen und Flagshipstores für Calvin Klein baut. Highend-Architektur aus Stahlbeton und Glas. »Uns war klar, dass wir so was nicht machen wollen«, betont Pater Kilian. »Für mich hat das nur eine sterile Schönheit. Sie kommen da rein und denken: Wow! Aber wie in vielen postmodernen Architekturen denkt man, dass man da als Mensch stört.« Perfekt sei Nový Dvur, ein Kunstwerk. »Klar hat das den zisterziensischen Geist, weil es groß gedacht ist, erhebend. Aber wir müssen es trotzdem hinkriegen, dass unser Kloster von der Materialität und der Ästhetik her so etwas ist wie eine gute Jeans.« Sitzen soll sie, auch noch nach Jahren ihre Funktion erfüllen und dabei gut aussehen.

Backstein für die Akustik

Das neue Kloster in Treppeln soll deshalb in Backstein entstehen, so viel ist sicher. Das hat mit dem Klimawandel und der Hitze zu tun, aber auch mit der Akustik, erläutert der Mönch. »Wir singen dreieinhalb Stunden am Tag das Chorgebet, da muss die Akustik stimmen.« Zwar biete auch ein Betonbau eine gute Akustik, das komme aber wegen des ökologischen Fußabdrucks nicht infrage. Ein Holzbau dagegen scheide aus, da Holz keine vergleichbar gute Akustik möglich macht. Auch ein Klosterbau ist also den ganz irdischen Fragen von Material und Möglichkeit unterworfen.
Ein Fingerzeig des Himmels aber darf schon dabei sein. Der Finger zeigte vor allem in die Richtung, wo das Kloster entstehen soll. Denn das war eine offene Frage, erinnert sich Pater Kilian. Fest stand nur, dass das neue Kloster in der Nähe von Neuzelle entstehen soll. Und zwar einen Emmaus-Weg entfernt vom alten Kloster. So hat es der Abt im Mutterkloster des Neuzeller Priorats, in Heiligenkreuz bei Wien, entschieden.
Ein Emmaus-Weg? Um das zu erklären, muss Pater Kilian etwas ausholen und erzählt die Geschichte zweier Jünger, die am Ostersonntag Jerusalem in Richtung des Dorfes Emmaus verlassen hatten. Unterwegs gesellte sich ein Wanderer zu ihnen und fragte, weshalb sie aufgebrochen seien. Die Jünger erzählten dem Wanderer von der Kreuzigung Jesu. Der Wanderer wiederum berichtete aus dem Alten Testament vom Messias. »Der sei kein triumphierender König«, sagt Pater Kilian, »sondern komme in einer Knechtsgestalt daher.«

Abendbrot mit den Jüngern

Irgendwann kommt die Gruppe in Emmaus an. Als der Fremde weiter will, laden ihn die Jünger zum Abendbrot ein. »Erst als der Wanderer das Brot bricht, wie er es drei Tage vorher beim

letzten Abendmahl getan hatte, gingen ihnen die Augen auf und sie erkannten: Das ist der Auferstandene, das ist der Christus, der mit ihnen gegangen ist.« – »Dann war er plötzlich verschwunden, aber sie erinnerten sich, dass ihnen das Herz in der Brust brannte, als er mit ihnen ging«, fährt Pater Kilian fort. »Schnell brechen die Jünger auf und laufen wieder zurück nach Jerusalem.«
Das also ist die Emmaus-Geschichte, deren Motiv den Hochaltar der Klosterkirche Sankt Marien in Neuzelle schmückt. »Auch wir haben gespürt, dass uns in Neuzelle das Herz in der Brust brennt«, sagt Pater Kilian. »Durch die Begegnungen mit den Menschen aus der Gegend hier, auch aus dem Spannungsfeld mit Eisenhüttenstadt, mit Polen, mit der Kriegsgeschichte, mit der Klostergeschichte, mit schönen Sachen, mit schwierigen Sachen.« So wurde Neuzelle zum Emmaus für Pater Kilian und seine fünf Mitbrüder, während Treppeln ihr neues Jerusalem werden soll.
Ein »Emmaus-Weg«, das sind exakt jene 11,3 Kilometer, die Emmaus von Jerusalem entfernt liegt. Also haben die Mönche eine Karte genommen und mit einem Zirkel einen Radius rund um Neuzelle gezogen. So sind sie auf Treppeln gestoßen. Das baufällige Forsthaus, das bis 1989 von der Staatssicherheit als Ferienanlage genutzt war, gehört nicht nur der Stiftung Stift Neuzelle, was ganz geschickt ist. Es hat auch die richtige Entfernung. »Wenn Sie vom Stiftsplatz mit dem Auto losfahren, sind es 11,3 Kilometer bis zum Tor«, lacht Pater Kilian. »Das kann man sich gar nicht ausdenken. Einfach krass. Unser Jerusalem.«

Architektin stammt aus Mexiko

Wie das neue Jerusalem endgültig aussieht, ist noch nicht entschieden. »Es gibt noch kein fertiges Design und auch kein Rendering«, sagt Pater Kilian, »wir sind erst beim Übergang zur Entwurfsplanung.« In die aus Mexiko stammende Architektin Tatiana Bilbao hat das Priorat aber vollstes Vertrauen. Wie für die Genehmigungsbehörden wird der Klosterbau auch für die Architektin keine einfache Aufgabe werden. »Eine Lebensaufgabe« sei es vielmehr, hat Bilbao einmal dem Rundfunk Berlin Brandenburg verraten. Denn Bilbao muss einen Spagat schaffen. Einfach und schlicht soll das neue Kloster werden, kein barockes Feuerwerk wie in Neuzelle. Aber es soll auch erhaben sein.
Pater Kilian erklärt das mit dem Spagat in seinen Worten: »Ich hab' ja schon lange die wilde These, dass die Architektur der Zisterzienser quasi eine Vorwegnahme des Bauhausgedankens war: Nämlich die Kraft der Reduktion zu entdecken.« Aber es gehöre eben auch Gestaltungswille dazu. »Es soll eine Architektur sein, die die Seele erhebt, sodass man mit den Füßen auf dem Boden steht, aber Herz und Seele sich in den Himmel erheben.«

rechte Seite:
Glaube, Liebe, Hoffnung: Ist das Grafitto auf der Abrissruine in Treppeln schon ein Ausblick in die (Kloster)Zukunft des Geländes?

Könnte sein, dass das nicht ganz billig wird, aber übers Geld will Pater Kilian nicht reden. Nur so viel verrät er: Es gibt eine Anschubfinanzierung des Bischofs von Görlitz in Höhe von einer Million Euro. »Den Rest finanzieren wir durch Fundraising«, sagt Pater Kilian und lächelt. Soll wohl heißen: Die Spenden fließen.

In zwei, drei Jahren soll es losgehen

Wenn die Abrissarbeiten in Treppeln beendet sind und der Bebauungsplan steht, soll es in zwei, drei Jahren mit dem Bau des Gästehauses losgehen. »Im Mittelalter war es so, dass man erst ein provisorisches Kloster gebaut und dann mit der Kirche und dem Kreuzgang begonnen hat«, sagt Pater Kilian. »Im Grunde halten wir uns auch an diesen Fahrplan. Wir bauen das provisorische Kloster, das dann zukünftig der Gästebereich wird.« 20 Zimmer seien vorerst geplant, dazu Räume, in denen Gäste übernachten können. »Dann soll es mit der Klosterkirche und dem Kreuzgang weitergehen.«

Und wie wohnt ein Mönch? »Einfach soll er wohnen«, sagt der Pater. Aber er habe ein eigenes Zimmer. Das sei der Unterschied zum zisterziensischen Idealplan, in dem ein Dormitorium, also ein Schlafsaal, vorgesehen sei. »Das gibt es bei uns im Orden aber schon seit gut 500 Jahren nicht mehr. Schon da war man zu Einzelzellen übergegangen.«

Zellen, das klingt karg. »Aber auch nicht zu karg«, sagt Pater Kilian lächelnd. »Das sind Zellen, die nicht unbedingt Substandard haben, auch eine kleine Nasszelle ist dabei.« Im Grunde sei es wie ein kleines Hotelzimmer. »Nur, dass wir dort nicht bloß ein paar Nächte verbringen, sondern im Zweifel unser ganzes Leben.«

Polst
Sattl
M.Be

vorherige Seiten:
Größter Brocken im Altstadt-Projekt: Das »Helios«-Gelände mit seinen ruinösen Bauten hat eine vielhundertjährige Geschichte.

linke Seite:
Stadt- und Regionalplanerin Vivien Kuhn und Bauamtsleiter Christopher Eichwald versuchen, Pläne für Storkows Stadtzentrum zu entwickeln.

Abschied vom Sonnengott

Waltraut Tuchen

»Hoffentlich machen die nicht so viel Staub. Ich kriege den ganzen Dreck auf meinen Balkon, wenn sie das Ding irgendwann abreißen.« Sagt Frau Paslack. »Irgendwann? Der Abriss kommt noch dieses Jahr.« Sagt Frau Kuhn.
Frau Paslack und Frau Kuhn kennen sich nicht. Doch sie reden über dasselbe: die »Helios«-Ruine in Storkow. In dem kleinen Städtchen weiß jeder etwas damit anzufangen. Hildegard Paslack (81), weil sie vis-à-vis des ruinösen Anwesens wohnt, Vivien Kuhn (44), weil sie beruflich damit befasst ist. Bei der zufälligen Begegnung auf der Straße gibt sich Hildegard Paslack schließlich doch hoffnungsvoll: »Man hat ja Maschinen zum Plattmachen und Wasser gegen den Staub. Es wäre gut, wenn die Ruine wegkäme. Da gibt's viel Ungeziefer.«
Auch diesem wird der Garaus gemacht, wenn die Abrissbagger anrollen, die Vivien Kuhn lieber heute als morgen dort sähe. Ihr ist die Ungeduld anzumerken, wenn ihr Begriffe wie INSEK, Fördermittelzuwendungen oder Gebietskulisse schnell über die Lippen kommen. Sie beschreiben ihren Anteil als Stadt- und Regionalplanerin, um dem Städtchen Storkow sowohl seinen historischen Charme zu erhalten als auch neuen Glanz hinzuzufügen. In der Landesweiten Planungsgesellschaft Berlin (LPG) ist sie als Gebietsbeauftragte verantwortlich für die Stadt und erarbeitete in den Jahren 2015/16 ein integriertes Stadtentwicklungskonzept (INSEK). Das INSEK war Grundlage für die spätere Aufnahme Storkows in das Städtebauförderprogramm »Lebendige Zentren«.

Abriss, Sanierung und Lückenschließung

Seitdem ist die Planerin hier zugange. Man glaubt, das Kribbeln in ihren Fingern zu spüren, so leidenschaftlich spricht sie über ihre Aufgabe. Deshalb gleich zu Beginn eine meist erst final gestellte Frage: »Was nervt Sie am meisten an Ihrer Arbeit?« – »Dass alles so langsam geht. Wir arbeiten nun mehrere Jahre daran, hatten im Rahmen des INSEK sechs öffentliche Planungswerkstätten mit Akteuren aus der Wirtschaft, Verwaltung, sozialen Einrichtungen, auch mit vielen Einwohnern.« Ihnen sei danach schwer zu vermitteln, warum es so lange dauert mit Abriss, Sanierung und Lückenschließung. »Bis dahin sind unglaublich viele Schritte nötig, die in der Öffentlichkeit unsichtbar sind. Mancher denkt, es tue sich überhaupt nichts.«

Das ist ganz und gar nicht der Fall. Doch in puncto Altstadt, für deren umfassende Entwicklung 111 Maßnahmen auf 863.000 Quadratmetern geplant sind, gebe es auch Bedenkenträger. Vor allem die Denkmalbehörde? »Ach, nein …, die ist eher eine Herausforderung«, gibt sich Vivien Kuhn diplomatisch. Es sei eine Melange etlicher Gründe, auch ungeklärte Eigentumsverhältnisse oder Bürgerproteste, die Pläne durchkreuzen. Insgesamt sei sie aber froh, dass es mit den Verantwortlichen in der Stadtverwaltung und Privateigentümern eine gute Zusammenarbeit gebe. Trotzdem wird es Jahre dauern, bis die Planungsmappe den Stempel hat: erledigt!

Immer in Kontakt mit den Storkowern

Vivien Kuhn ist oft unterwegs in der Stadt, sucht den Kontakt mit den Storkowern. Bei ihrer Sprechstunde am zweiten Freitag jeden Monats im Familienzentrum am Markt oder bei Veranstaltungen ist sie mit ihrem Infostand dabei, fragt nach Ideen und Wünschen der Einwohnerinnen und Einwohner für eine lebenswerte Stadt. In all den Jahren wuchs ihr Storkow ans Herz: »Wenn ich mich so intensiv mit einer Stadt befasse, wird es auch meine Stadt.«

In Storkow – 1209 erstmals erwähnt und somit die sechstälteste der 112 Städte im Land Brandenburg – ist im Altstadt-Projekt das »Helios« der größte Brocken. Den markanten Namen trägt es seit 1945, als der Unternehmer Paul Passoth nach Kriegsende die Likörfabrik gründete und ihr den verheißungsvollen Namen des griechischen Sonnengottes gab.

Damals hatte das Areal mit den heutigen ruinösen Bauten schon eine vielhundertjährige Geschichte, wie Stadthistoriker Erich Oehring (86) erzählt. Dort befand sich zur Stadtgründung das Burglehn, wo Handwerk und Versorgung für die Burgherren angesiedelt waren. Es verfügte über feste Häuser und Schutzmauern.

Die dort produzierte »Vipa« ist legendär

Über die Jahrhunderte unter verschiedenen Besitzern immer wieder baulich verändert, wurden die Gebäude noch Ende des Zweiten Weltkrieges teilweise zerstört. Nach mehr als zwei Jahrzehnten in Passoths Eigentum firmierte die Firma ab Anfang der 1970er-Jahre nach der Verstaatlichung kleiner Privatbetriebe als VEB Helios Likörfabrik und Weinkellerei. 1980 wurde sie vom Getränkekombinat Frankfurt (Oder) einverleibt. Das Ende der DDR erlebte sie schon nicht mehr. Die dort zuletzt noch produzierte »Vipa« jedoch – ein weinhaltiges Erfrischungsgetränk, das vor einigen Jahren sein Comeback erlebte – ist legendär.

Nur wenige Schritte vom Markt entfernt dämmert dieser unansehnliche Steinklotz seit Jahrzehnten vor sich hin. Seine Mauern sind nicht marode genug, um von selbst einzustürzen, aber auch nicht so stabil, um saniert zu werden.

Nun soll es dem »Helios«-Areal, das die Stadt kaufen konnte, endgültig an den Kragen gehen. Wie rigoros, steht noch nicht endgültig fest. Die Denkmalbehörde gibt den Teilerhalt der Außenmauern vor, die Stadtverordneten wünschen sich darüber hinaus den Erhalt des Gewölbekellers sowie des Fabrikgebäudes – soweit aus statischer Sicht möglich. Auch Stadthistoriker Oehring ist der Meinung: »Was Jahrhunderte hielt, wird es noch weitere hundert Jahre tun.« Möglicherweise wird in Einzelfragen erst entschieden, wenn die ersten Baggerschaufeln am Gemäuer knabbern.

Gastronomie erhielt die meisten Stimmen

Eine der größten Aufgaben wird die Antwort auf die Kardinalfrage sein: Welche Nutzung soll es geben? Auch dabei können die Einwohner mitreden. »Bis 31. März 2022 lief eine Umfrage, an der sich 284 Leute mit 466 Antworten beteiligten«, so Vivien Kuhn. »Mit 20 Prozent erhielt die Gastronomie wie Café, Bar, Restaurant, Bistro die meisten Stimmen, gefolgt von Angeboten für Kinder und junge Leute zum Spielen, Sport, Freizeit. An dritter Stelle rangieren zu gleichen Teilen Einzelhandel, Wohnen, Kunst, Kultur.«

Vivien Kuhn verweist darauf, dass sich dort sogenannte Frequenzbringer ansiedeln müssen. Die Stadtverwaltung favorisiert als solchen die Bibliothek. Diese würde von der Burg jedoch nur umziehen, wenn es in den bisherigen Räumen eine Nachfolgenutzung gibt.

Die Sache mit dem Einzelhandel sieht hingegen nicht nur die Stadtplanerin kritisch. Storkow habe, wie leider viele andere Städte auch, Einkaufsmärkte an der Peripherie – hier an einer Hauptdurchgangsstraße – zugelassen und den kleinen Einzelhändlern das Wasser abgegraben. Der Online-Handel tut sein Übriges. Wie schwer es die Geschäftsinhaber in den Straßen rund um den wunderschön gelegenen Markt haben, ist allenthalben zu hören. »Was gab es hier für schöne Läden«, schwärmt Schuh-Verkäuferin Kati Schrank: »Bäcker, Fleischer, Damenmoden, Drogerie, Haushaltwaren, Lederwaren, Kurzwaren … Gucken Sie es sich heute an«, verweist sie auf Leerstand und Verkaufsstände mit Billigkleidung und anderem Tand am Markttag. Sie zeigt auf ihr Angebot, das den Laden

rechte Seite:
Blick auf die Ruinen des »Helios«-Geländes

fast überquellen lässt: »Wir überleben nur, weil wir sehr auf Kundenwünsche eingehen, viele Marken anbieten.«

Uhren-Geschäft in vierter Generation

Marcella Voss berichtet Ähnliches: »Unser Uhren-Geschäft gibt es seit 1920 in vierter Generation. Vom Verkauf könnten wir nicht leben, sondern nur, weil wir auch Reparaturen anbieten.« Und offenbar wegen des guten Namens.

Wie es der Zufall will, ist Tom Voss der Ehemann der rührigen Ladeninhaberin. Den Tipp, zu ihm zu gehen, gab Vivien Kuhn. »Herr Voss belebt in der warmen Jahreszeit den Marktplatz sehr. Er betreibt eine tolle Sommer-Gastronomie und müsste ganzjährig öffnen.« – »Vergessen Sie es«, sagt der 51-Jährige knallhart, aber nicht unfreundlich. »Die Bar öffnete ich nur, weil ich überleben muss. Ich bin Cocktail-Caterer. Durch Corona stand ich vor dem Nichts. Keine Aufträge, keine Einnahmen, aber Kosten! Ich muss Geld verdienen, bin froh, dass es jetzt klappt. Aber im Winter? Nee! Finden Sie mal Leute, die abends und am Wochenende arbeiten. Keine Chance.«

Gastronomie dürfte also auch im »Helios« nicht die einfachste Aufgabe werden.

Doch davon ist das Ruinen-Geviert weit entfernt. Erst einmal werden Abrissbirne und -bagger dort die Geräuschkulisse bilden.

Sicher wird Frau Kuhn öfter schauen, wie sie vorankommen. Wenn dann Frau Paslack zufällig Staub auf ihrem Balkon wischt, lernen sich die beiden vielleicht doch noch kennen.

linke Seite:
Dorothee Schmidt-Breitung im Kloster Neuzelle beim Mischen von Pigmenten

Kopf, Herz und Hand

Isabell Gewinnus und Paul-Magnus Dreißig

Dorothee Schmidt-Breitung: Künstlerin, Restauratorin, Denkmalpädagogin, Kulturorganisatorin und Freigeist. Farbenfroh gekleidet, mit strahlenden Augen und Lebensfreude füllt sie jeden Raum mit ihren Geschichten und ihrer Begeisterung. Mit Leidenschaft erzählt sie von Restaurierungsarbeiten im Kloster Neuzelle, in den Orienträumen im Schloss Branitz und im Kunstarchiv Beeskow. Die Arbeit als Restauratorin scheint für sie ein perfekter Ausgleich zu sein: Während Dorothee sich im Alltag energiegeladen und schwungvoll bewegt, kann sie sich beim Restaurieren zurückziehen und in der Stille neue Inspiration und Kraft finden. Beginnt sie zu erzählen, macht es den Eindruck, als habe sie schon die ganze Welt gesehen und ihr Leben sei ein einziger Abenteuerroman. Doch auch, wenn die Ferne einen gewaltigen Eindruck hinterlassen haben muss, zieht es Dorothee doch immer wieder in ihre Heimat Breslack zurück, wo sie zusammen mit ihrem Mann auf einem Vierseitbauernhof lebt. Im Nachbarort Ratzdorf engagiert sie sich für die Gast- und Tanzwirtschaft Kajüte, eine kleine, historische Dorfkneipe, die sie zusammen mit ihren Freunden vor dem drohenden Abriss gerettet hat.

Mit Begeisterung bei allen Projekten dabei

Eines wird schnell klar: Dorothee ist immer mit mindestens 100 Prozent und voller Begeisterung bei all ihren Projekten dabei, weshalb es für sie einen nahtlosen Übergang von Beruf zum privaten Leben gibt. Neben ihrer Arbeit als Restauratorin, bei der Dorothee selbst den Pinsel schwingt, verborgene Kunstwerke freilegt und alten Gebäuden neues Leben schenkt, begeistert sie auch seit geraumer Zeit im Denkmalunterricht

junge Menschen für den Erhalt von Geschichte. Das Projekt ist eine hervorragende Möglichkeit, Jugendlichen die Augen zu öffnen, ihnen zu zeigen, welche kulturellen Werte sie schützen sollten.
Doch wie kam es überhaupt zu dieser Idee? Ausschlaggebend war Dorothees Engagement im Kloster Neuzelle. »Ich habe den damaligen Landeskonservator Professor Karg durch den Kreuzgang geführt und erzählt, was ich da so rausgekriegt habe.« Der Professor war begeistert, wie leidenschaftlich Dorothee über die Freilegungen der Wandmalereien berichten konnte. Prompt folgte eine Anfrage, ob sie daran interessiert wäre, in der Denkmalvermittlung zu arbeiten. Natürlich stimmte Dorothee dem Angebot zu.
Bevor sie jedoch selber Schüler unterrichtete, promovierte sie zunächst auf dem Gebiet der Denkmalvermittlung. Dafür interviewte sie Jugendliche, die an einem Denkmal-Aktiv-Programm der Stiftung Denkmalschutz teilnahmen und analysierte die Wirkung, die das Programm hinterließ. Diese Erkenntnisse prägen noch heute ihren Unterricht und geben dem Lehrplan viel Freiraum für praktische Anwendungen. Ein Schüler aus ihrem Seminarkurs berichtet: »Unterricht macht viel mehr Spaß, wenn man weiß, womit man es zu tun hat. Es hilft ungemein, ein reales statt ein digitales Bild vor Augen zu haben.«

»Der Lehrplan ist sehr dehnbar.«

Im Kulturort Neuzelle, wo Dorothee bereits selbst gearbeitet hat, unterrichtet sie nun Kunst und leitet die Denkmal-Aktiv-AG. Ihr neue »Karriere« an der Rahn-Schule begann infolge einer Vertretung, und schon bald merkte sie: »Der Lehrplan ist sehr dehnbar.« Diesen Umstand machte sich die Restauratorin zunutze und band die Denkmalvermittlung mit ein. »Man kann Denkmalunterricht überall einbauen, ob in Biologie, Englisch oder Deutsch, um zum Beispiel einen Audioguide zu erstellen oder zu übersetzen. Oder man verbindet Geografie mit Landschaftserkundungen.«
Dorothees Unterricht wird vor allem durch die Nähe und das Flair des Klosters verstärkt, wo die Schüler den Kreuzgang und seine Geschichte erkunden können. »Die Entdeckungsreise durch den Kreuzgang war eine Spitzen-Idee! Vor allem aber zeigen solche außerschulischen Aktivitäten das Zwischenmenschliche und geben uns die Möglichkeit, auch unsere Lehrer einmal besser kennenzulernen«, erzählt eine Schülerin.
Denkmalunterricht eignet sich für Groß und Klein. Ab dem Grundschulalter bietet Dorothee den Kindern Werkstatttage an, bei denen schon die Kleinsten in Berührung mit Denkmälern und alten Traditionen kommen. Des Weiteren leitet sie die Denkmal-Aktiv-AG für Oberschüler, in der die Jugendlichen aktiv Neuzelle erkunden. Nicht zuletzt bietet sich auch die Möglichkeit, Schüler in Projektwochen für den Denkmalschutz zu begeistern. Jugendliche sollen lernen, »wahrzunehmen«,

sich der »Nutzbarkeit bewusst zu werden«. Dorothee erklärt: »Uns nutzt keine tote Materie. Sie muss beseelt sein, erst dann wird sie geliebt und gepflegt und beachtet.«

Ausflüge statt trockene Theorie

Um den Unterricht spannend zu gestalten und nicht zu viel trockene Theorie in den Mittelpunkt des Lernens zu stellen, organisiert Dorothee immer wieder Ausflüge. Natürlich ist es schwierig, solche Praktika im regulären schulischen Rahmen einfließen zu lassen, aber sie ist sich sicher, dass der Schutz von Denkmälern und deren Wert nachvollziehbarer ist, wenn man sie sehen und anfassen kann. Ein kommendes Projekt stellt ihrem Seminarkurs die Friedenskirche in Frankfurt (Oder) vor. Der Platz, der mit dem Siedlungsbeginn der ehemaligen Hansestadt verbunden ist, wird nun zu einem Ort der Denkmalvermittlung. »Mir ist es wichtig, die Schule zu verlassen, außerschulisches Lernen ist sehr bildend«, sagt Dorothee. Mit ihrer Denkmal-Aktiv-AG schafft sie es, dreimal in einem Schulhalbjahr in die Werkstätten zu gehen, wo die Schüler ihrer Kreativität freien Lauf lassen und ihr handwerkliches Geschick ausprobieren können.

Aber sie stellt auch fest, dass für den Denkmalunterricht viel persönliches Interesse und Engagement Voraussetzung sind. Vermutlich ist dies auch einer der Gründe, warum dieses Fach in Deutschland kaum verbreitet ist. Das Schulsystem überfordert die Lehrer mit zu großen Klassen, was die Lehrer daran hindert, den Schülern ein erweitertes Programm zu bieten. Dorothee selbst ist überzeugt, dass ihnen nicht ausreichend vermittelt wird, die Gesellschaft aber jeden braucht und keiner sich ausgeschlossen fühlen sollte.

Unterstützung von den Eltern

Die Exkursionen und das nötige Material für den Unterricht sind zudem kostenintensiv. Die Schule unterstützt Dorothee gelegentlich, aber oft genug kommt sie selbst für die Kosten auf. Positiv überrascht ist sie jedoch, wenn die Eltern ihrer Schützlinge versuchen, sie zu unterstützten.

»Es ist wichtig für die Gesellschaft. Ich will nicht, dass alles weggerissen wird. Wir sollten uns dafür einsetzen, dass wir Brüche wagen, dass wir nicht die ›abgelacktesten‹ Plastikoberflächen brauchen.« Das ist Dorothees Motivation, für die es sich ihrer Meinung nach zu kämpfen lohnt. Der Unterricht erklärt den Schülern auch die Notwendigkeit, an folgende Generationen zu denken. Dabei ist er nicht nur eine Bereicherung für ihre Schützlinge, auch ihre Lehrerin kann davon profitieren und eine neue Sicht auf die Dinge entwickeln: »Unverkrampftes, spontanes fragen können, sich erfreuen können… Kinder haben noch so eine Neugierde und Freude am Entdecken.«

Die Schüler sollen spüren, dass Denkmäler Spaß machen können und dass alt nicht immer gleich langweilig bedeutet. Es geht darum, die Jugend zu faszinieren und ihr auf spannende Weise ihre eigene Kultur vorzustellen. Um dies zu vereinfachen,

rechte Seite:
Hannes (v.l.), Bryan und Nils bei der Arbeit in der Denkmal-Aktiv-AG

kreierte Dorothee einen Audioguide für den »Kreuzgang«, der unterhalb des Rahn-Gymnasiums im Stift Neuzelle verläuft. Eine Hörgeschichte versucht, den Kindern die Historie des Klosters spielerisch näher zu bringen und zeigt die Facetten von Denkmalunterricht.

Der Gesellschaft etwas zurückgeben

Sorge, dass Dorothee sich nicht mehr in neue Projekte stürzen wird, braucht man nicht zu haben, da sie nach eigener Aussage im Ruhestand nicht Staub ansetzen möchte. Sie will der Gesellschaft etwas zurückgeben und sich, wenn sie älter wird, weiterhin gemeinnützig engagieren, um ihre Passion auszuleben. Für sie zählen die Worte von Pestalozzi »Kopf, Herz, Hand« – und die volle Begeisterung für ihren Beruf beziehungsweise ihre Berufung.

GUESS®
U.S.A.
HALF

PRIMA
MARINA
FESTIVAL
ROYAL REPUBLIC
ALEX MOFA GANG
PICTURES
DJ FRAU GERLACH
Eintritt
frei
RAKÄTE
ANIMAL
MOTHER

vorherige Seiten:
Zimmer mit Ausblick: Die ehemalige Käte-Agerth-Förderschule in Beeskow, ein 1975 errichteter DDR-Typenbau »Erfurt TS 66«, ist jetzt das Zuhause des gemeinschaftlichen Wohnprojektes »Rakäte«.

linke Seite:
Alle unter einem Dach: Anna Gerlach (v.l.), Sascha Haus sowie Maik und Kerstin Müller

Rakäte Typ TS 66

Melanie Schmock

»Wir tanzen durch das ganze Haus/ Bis in den nächsten Tag/ Wir machen richtig laut denn wir haben keine Nachbarn und keinen Mietvertrag.«
Die treibenden Punkrock-Rhythmen des Songs »Unser Haus« der »Alex Mofa Gang« schallen über das Gelände des ersten Beeskower »Prima Marina Festivals«, lassen die Leute tanzen. Handelt der Text etwa vom »Wohnprojekt Rakäte«?
Beeskow. Ein guter Ort für ein Festival. Und ein guter Ort zum Leben, finden die Initiatoren des Festivals. Nicht allein, nicht irgendwo. Sieben Menschen sind im Begriff, die ehemalige Förderschule am Rand der Stadt wieder mit Musik, Kunst, Handwerk, Kultur, mit Lachen, mit Leben zu erfüllen. Sieben ganz unterschiedliche Charaktere mit sieben ganz unterschiedlichen Lebensentwürfen: Altstadtmanagerin und Sanierungsbeauftragte, Maurer und Ingenieur, Store Managerin, Ton- und Lichttechniker, Sounddesigner, Tourenmanager der schwedischen Rockband »Royal Republic«, Gitarrist der »Alex Mofa Gang« sowie Lehrerin für Englisch und Kunst. Gemeinsam geben sie dem Haus in gewisser Weise seinen ursprünglichen Sinn zurück – und schaffen doch etwas völlig Neues.

Musik im Blut und kreative Ideen im Kopf

Es war still geworden in den vorangegangenen Jahren in der 2013 entwidmeten Schule. Zuletzt beherbergte das Gebäude eine Möbeltauschbörse. Nun soll es das Zuhause von mutigen Menschen mit Musik im Blut und kreativen Ideen im Kopf werden – Wohnraum und Kreativzentrum in einem. »Ich glaube, dass die Zukunft in gemeinschaftlichen Wohnprojekten liegt, welche bereits bebaute Flächen in Deutschland wiederbeleben, statt noch mehr zu versiegeln und noch mehr Raum auf dieser Erde einzunehmen«, sagt Anna Gerlach. Sie wird eine der vier geplanten Wohneinheiten dieses alternativen Wohnprojektes namens »Rakäte« beziehen. Nein, Rakäte ist nicht falsch geschrieben. Das wäre Anna Gerlach als Lehrerin am Beeskower Rouanet-Gymnasium aufgefallen. Vielmehr erinnert das »ä« an die frühere Nutzung des 1975 errichteten DDR-Typenbaus »Erfurt TS 66« als Käte-Agerth-Förderschule.

Die 33-Jährige fand über die Internet-Plattform »Bring together« aus dem fernen Nordrhein-Westfalen ins brandenburgische Beeskow. Die Aussicht, in der ehemaligen Schule eine ungewöhnliche neue Heimat zu beziehen, fasziniert sie. Zuvor hatte sie bereits ein Jahr mit ihrem Partner Sascha Haus an einer alternativen Wohnform gebaut und ein weiteres Jahr auf 18 Quadratmetern in einem Tiny House gelebt, ohne fließend Wasser und mit Trocken-Trenn-Toilette. Der Kontrast könnte kaum größer sein, denn das neue Quartier in der Lübbener Chaussee wird mit rund 170 Quadratmetern schon allein an Wohnfläche das etwa Zehnfache ausmachen, fließend Wasser und Abwasser inklusive.

»Erfurt TS 66« ist Schule von der Stange

Dabei ist das künftige Zuhause architektonisch gesehen vielleicht kein Meisterwerk. Es ist einer von drei Schulstandardtypen, die in der DDR zwischen 1965 und 1989 landauf, landab errichtet wurden. Schule von der Stange sozusagen. Das Modell »Erfurt TS 66« mit seinem dreigeschossigen Querverbinder zwischen zwei viergeschossigen Gebäudetrakten ist ein quadratisch praktischer Plattenbau – und leider auch das: sanierungsbedürftig. Bereits seit 1994 ist das amtlich. Eine Analyse zum allgemeinen Zustand des Bautyps bescheinigte dem Modell »Erfurt TS 66« keine allzu guten Noten. Dach, Fassade, Heizung, Sanitär, Elektro – alles eher mangelhaft, ergo sanierungsbedürftig. Nichts zu meckern hatten die damaligen Experten bei der Frage nach der Standsicherheit und Tragfähigkeit des Bautyps. Aber es ist notwendig, die betagte Beeskower Bausubstanz nach heutigen Standards des Wärme-, Schall- und Brandschutzes zu verjüngen. Dennoch: »Wir waren sofort schockverliebt.« »Rakäte«-Mitbegründer Maik Müller erzählt von der ersten Besichtigung und von den Wegen, die zum Abenteuer »Rakäte« führten.

Offener Kreativ- und Experimentier-Ort

2020, mitten in der Corona-Pandemie, wurde es einigen der heutigen »Rakäte«-Initiatoren zu eng in der Hauptstadt. Sie suchten nach Alternativen: Alternativen zum Wohnen, Alternativen zum Musikmachen und zum Musikaufnehmen, zum Geld verdienen. Die Idee, Wohn- und Kreativraum zu vereinen, war schnell geboren. Es galt, einen passenden Ort zu finden, Berlin wurde abgewählt. Zu viele Künstler auf zu wenig Raum. Zu teuer. Die Beeskower Altstadtmanagerin Kerstin Müller wiederum wusste um die verwaiste »Käte«. Für die Wohnungssuchenden, die nicht das klassische Reihenhausglück, sondern einen offenen Kreativ- und Experimentier-Ort im Blick hatten, war dieses riesige Haus genau das Richtige: 26.000 Quadratmeter Grundstücksfläche, davon 6.663 Quadratmeter Bauland und rund 19.000 Quadratmeter Wald; 720 Quadratmeter Wohnfläche sowie 335 Quadratmeter Arbeitsräume – was für ein enormer Raum, so viel Potenzial!

Idealismus und Risikobereitschaft

Seit Dezember 2021 ist die »Rakäte GbR« Eigentümerin dieses Potenzials. Neben Kerstin und Maik Müller gehören Tochter Maxi Müller, Thomas Kosslick, Oliver Fries, Anna Gerlach und Sascha Haus dazu. Gemeinsam wollen sie ab Jahresbeginn 2023 in der »Käte« wohnen, arbeiten, einen Ort der Begegnung schaffen. Bis dahin gibt es noch viel zu tun. Idealismus, Visionskraft und eine gehörige Portion Risikobereitschaft mögen zwar auch für das Ja zur »Rakäte« entscheidend gewesen sein. Doch zumindest die Sanierungsbedürftigkeit des Altbaus schreckt sie nicht. Maik Müller und seine Frau Kerstin können beurteilen, worauf sie sich da einlassen: Beide sind vom Fach. Planungsleistungen stellen also keine Hürden dar. Als gelernter Maurer kann Maik Müller zudem viele Umbauten in Eigenleistung erbringen. Zum Glück wurden die zugigen DDR-Fenster bereits 1995 weitestgehend durch isolierverglaste ausgetauscht. Dies rettete letztlich das ambitionierte »Rakäte«-Projekt vor einem Luftschloss-Dasein. Andernfalls hätten sich Kauf und Umnutzung des Objektes nicht gerechnet.

Viel von der alten Bausubstanz erhalten

Pläne für eine auch ökologisch nachhaltige Umnutzung des Schulhauses gibt es reichlich. Von der alten Bausubstanz soll möglichst viel erhalten bleiben. Maik Müller findet: »Es wäre viel zu schade, die völlig intakten Gebäudeteile abzureißen, um dann etwas Neues zu bauen, geradezu Verschwendung.« Einzig das Internatsgebäude auf dem Gelände soll abgerissen werden.

Über die Heiztechnik für den Schulbau, dessen Reiz in seiner Überdimensionalität liegt, wurde viel nachgedacht. Klares Ziel ist es, irgendwann autark zu sein. Auch eine Fassadenbegrünung ist geplant. Welche Ideen realisiert werden können, hängt nicht zuletzt von der finanziellen Unterstützung ab. Daher heißt es jeden Tag aufs Neue, mit ungewöhnlichen Lösungen an der Verwirklichung des Großprojektes zu werkeln. So wird die marode Heizungsanlage kurzerhand mit 65 ausgedienten Heizkörpern aus einer alten Bankfiliale erneuert.

»Wertetisch muss noch aufgeräumt werden«

Über das Bauprojekt, das Ausloten, was möglich und machbar wäre, finden auch Stück für Stück die künftigen Bewohnerinnen und Bewohner zueinander. In einer Wohngemeinschaft müssen die gemeinsamen Werte und Ideale stimmen, damit das Lebensmodell zum Erfolg werden kann. In aller Regel führt der Weg zunächst über verbindende Ideale hin

rechte Seite:
Im Wohnprojekt »Rakäte« gibt es noch viel Platz für Träume.

zum gemeinsamen Wohnen. Für Anna Gerlach ist es umgekehrt. Für sie gab es hier in Beeskow zunächst diesen spannenden Schulbau und den Enthusiasmus für das Projekt. In so einer bunt gemischten und noch dazu generationsübergreifenden Wohngemeinschaft zu leben, bedeutet: »Man muss gut kommunizieren. Und das muss jeder noch lernen, das kann niemand richtig gut. Der Wertetisch muss noch aufgeräumt werden«, gesteht Anna Gerlach ehrlich ein. Dabei hilft den unterschiedlichen Sieben ihre Liebe zur Musik und Kunst. Auch das ist ja eine Art, miteinander zu kommunizieren, ist Sprache, lässt Menschen zueinander finden.

Dieses menschliche Zusammenwachsen der »Rakäte« war öffentlich erstmals beim »Prima Marina Festival« im Juli 2022 in Beeskow spürbar. Das Rockfestival, das ein jährlich wiederkehrendes Event der »Rakäte« werden soll, bereicherte neben Anna Gerlach als DJ Frau Gerlach auch Thomas Kosslick als Gitarrist der sympathischen »Alex Mofa Gang«.

»Wir tanzen durch das ganze Haus/ Bis in den nächsten Tag/ Wir machen richtig laut denn wir haben keine Nachbarn und keinen Mietvertrag/ Und wir tanzen auch im Dachgeschoss/ Doch niemand kann uns sagen/ Wie lang die Säulen dieses Hauses unsere Leichtigkeit noch tragen.«

Zumindest in dieser Hinsicht braucht sich die »Rakäte« laut Bauzustandsanalyse keinerlei Sorgen zu machen.

vorherige Seiten:
So kann es auch gehen: gut gewachsene Dorfstruktur rund um den Anger von Wilmersdorf

linke Seite:
Das Bestehende erhalten: Architekt Volker Ihm lebt auf dem Hof seiner Familie in Buchholz.

Wie wir bauen sollen

Uwe Stiehler

Sommer 2022: Zwischen Elbe und Oder wird es heiß wie am Mittelmeer und trocken wie in der Wüste. Man zählt das vierte Dürrejahr seit 2018. Die Meteorologen sagen, es sei gar das trockenste Jahr seit Beginn der Wetteraufzeichnung in Brandenburg. Und während die Menschen in der Mark schwitzen wie noch nie, zittern sie schon vor dem Herbst und dem Winter, wenn Gas und Öl knapp und sehr viel teuerer werden sollen und sie nicht wissen, ob sie sich das Heizen noch werden leisten können.

Angesichts dieser sich überlagernden Krisen drängt sich eine Frage immer mehr auf: Wie sollen wir künftig bauen und wohnen, um den Klimawandel nicht weiter zu befeuern und vor dessen Auswirkungen gewappnet zu sein? Ist der hübsche Traum vom Eigenheim noch zeitgemäß? Könnte das eigene Haus, das weitgehend autark ist und entkoppelt von Versorgungsnetzen, vielleicht sogar die Rettung sein – dank Solaranlage, Erdwärmeheizung, Wärmepumpen, Brunnen, Pflanzenkläranlage und was es an technischen Möglichkeiten sonst noch gibt? Oder ist es nachhaltiger, klüger, sozialer und dem gesellschaftlichen Wohlbefinden zuträglicher, alte Höfe zu Mehrfamilienprojekten zu machen, historische Bausubstanz zu nutzen, sich in Mietshäusern einzurichten, die Zentren von Städten und Dörfern zu beleben, statt mehr oder weniger sterile Satellitensiedlungen an deren Rändern wachsen zu lassen, weitere Flächen zu versiegeln und noch mehr (Pendler-)Verkehr zu produzieren? Eine Gemengelage, in der auch die Träume und Möglichkeiten der Bauherren, Gesetze, Verordnungen, DIN-Normen und Baubehörden keine kleine Rolle spielen.

»Planung ist auch Menschenkunde«

Ein Haus zu entwerfen und zu bauen hat also nicht nur etwas mit Technik, Geld, Handwerk und einem dicken Bündel juristischer Vorgaben zu tun, sondern auch mit Philosophie, Psychologie und Geschichte. »Planung«, sagt Volker Ihm, »ist am Ende auch Menschenkunde.«

Als Architekt und Städtebauer beschäftigt er sich seit vielen Jahren intensiv damit, wie sich Bauen, Wohnen, das gesellschaftliche Zusammenleben, historisch gewachsene Strukturen und materielle und finanzielle Ressourcen zu etwas Sinnvollem und Nachhaltigem verbinden lassen. Und vielleicht hätten sich seine Arbeit, sein Denken und Suchen in eine andere Richtung bewegt, hätte ihn das Schicksal Mitte der 1990er-Jahre nicht von Mainz nach Buchholz bei Steinhöfel gerufen.

Einer der großen Vierseithöfe dort gehört seit vielen Generationen seiner einst durch die innerdeutsche Grenze geteilten Familie. Nachdem sich mit der DDR auch viele der bestehenden Strukturen aufgelöst hatten, standen die Familie und er als junger Architekt vor der Frage, wie sich dieses große Anwesen in Zukunft würde sinnvoll nutzen lassen, dessen Gebäude zum Teil eingefallen und ruinös waren. Heute macht der Hof den Eindruck, als sei er die vergangenen 100 Jahre immer liebevoll gepflegt worden. Vor 30 Jahren sah es dort so deprimierend aus, dass ein Teilabriss auch eine Option hätte sein können. »Aber reißt man alles ab, verschwindet damit ebenso ein Stück kulturelle Identität«, sagt Ihm. »Die alten Bauformen, die alten Höfe hier auf dem Land verankern uns in der Geschichte.« Deshalb wollte er die Vergangenheit nicht planieren, sondern das Bestehende umbauen. Historiker sind über solche steinernen Zeugen der Vergangenheit, die den gesellschaftlichen und kulturellen Wandel in sich zementiert haben, immer glücklich. Sie können daran ablesen, was sie das »Gewordensein« nennen.

Die Frage war: Was macht man damit?

Der Hof in Buchholz wird erhalten, das war also beschlossen. Die Frage war: Was macht man damit? Die Familie hält keine Schweine, keine Kühe, bestellt keine Felder, lagert kein Heu und Getreide ein. Und alles alleine bewohnen kann sie auch nicht. Deshalb haben Ihms das lange Stallgebäude in Erbpacht an den Berliner Künstler und Bildhauer Norbert Radermacher abgegeben. Er hat sich dort eine Werkstatt und einen Zweitwohnsitz eingerichtet, geplant von Volker Ihm. Im Moment sind dort einige ukrainische Familien untergebracht.

Einen Teil der riesigen Scheune gegenüber hat Volker Ihm zum Wohnhaus umgebaut. Auch sein Bruder Arne Ihm nutzt einen Teil des Hofes für einen traditionellen Bauerngarten und eine kleine Schafherde. Er hat sich in der Region einen Namen als Bewahrer alter, seltener Obst- und Gemüsesorten gemacht, die er auf dem Gelände der ehemaligen Schlossgärtnerei von

Steinhöfel behütet und umsorgt.
So lebt der Hof der Ihms weiter, weil für ihn neue Aufgaben gefunden wurden. Der Weg dahin war allerdings vertrackt und führte über weitgehend unerforschtes Gelände. »Eine Scheune, einen Stall zum Wohnhaus umzufunktionieren – wie plant man so etwas? Es gab damals kaum Erfahrung auf diesem Gebiet«, erinnert sich Volker Ihm. »Und so wurden wir Pioniere im Umbau von alten Scheunen.« Seitdem hat der Architekt etliche Familien und Kooperativen begleitet, die aus alten Höfen, Scheunen, Ställen etwas Neues machen wollten.

Wie sich Alt und Neu harmonisch umarmen

Sein Hof in Buchholz wurde dabei zum Pilotprojekt. Dort probierte Ihm aus, wie sich alte Güllekanäle als Leitungsschächte umfunktionieren lassen, wie man ein altes Gebäude ausbaut, ohne dessen äußeres Gesicht zu verändern, wie sich Alt und Neu harmonisch umarmen, wie Raues und Ungebügeltes sich auch in einem modernen Umbau behaupten können, wie Wohnlichkeit und Sachlichkeit zu einem sehr angenehmen Ganzen finden und nichts auf Hochglanz poliert werden muss, um zu wirken. Er hatte nie die Intention, aus seinem Heim einen Designtempel zu machen. Aufwendige, das technisch Mögliche ausreizende Gestaltungs-Extravaganzen interessierten ihn nicht mehr, sagt Ihm. Viel spannender findet er, wie allein schon die Art, wie Häuser zueinanderstehen, unser Wohnen und Sein beeinflusst. Es gebe Projekte des modernen Bauens, die fast aussehen würden wie Vierseithöfe, erklärt der Architekt. Sie bieten zugleich Geborgenheit, Privatsphäre und übersichtliche Plätze sozialer Interaktion, wo sich Zusammenleben entfaltet. Ein anderes Problem, das ihn umtreibt, ist das energie- und ressourcenschonende Bauen. Und das ist nicht zuletzt deshalb vermintes Gelände, weil sich dabei Ansprüche ans Gewohnte und Einsichten ins Notwendige nicht selten heftig ineinander verbeißen. Es habe mit Ressourcenschonung nichts zu tun, wenn sich jede Generation ihr eigenes Haus hinstellt, sagt Ihm. Auch wenn das für viele ein Lebenstraum bleibt. Andreas Rieger, Präsident der Brandenburgischen Architektenkammer, äußert ähnliche Bedenken. Er meint, der vorhandene Bestand an Gebäuden und Siedlungsfläche sei für den gegenwärtigen Bedarf ausreichend. Es sei deshalb kein Neubau in »nennenswertem Umfang« mehr erforderlich – abgesehen von jenen Häusern, die abgerissene Gebäude ersetzen. »Wertvoller Ackerboden«, fordert Rieger, »darf nicht mehr in Fläche für andernorts realisierbare Baumaßnahmen umgewandelt werden.«

Die Öko-Bilanz bleibt zweifelhaft

Noch aus anderen Gründen sieht Ihm den Eigenheim-Boom der vergangenen Jahre sehr kritisch. Geschichtslos seien die vielen aus dem Boden gestampften Neubausiedlungen. Und selbst wenn da nun überall die uniformen Niedrigenergiehäuser wie Legosteine aneinanderkleben, bleibt für ihn die Öko-Bilanz mehr als zweifelhaft. »Mit der Forderung, Energie zu sparen,

rechte Seite:
Für diese einsame Wohnidylle bei Görsdorf (bei Storkow) wird sich kaum eine Zukunft finden.

werden eine Menge andere Umweltsünden begangenen, indem zum Beispiel nicht recycelbare Baustoffe wie Styropor verwendet werden.« Zudem funktionierten die modernen Niedrigenergiehäuser nur, solange alles in Ordnung sei. »Aber die Folien, der Kleber, das hält alles nicht ewig.« Dazu kämen noch Umweltschäden durch die Bau- und Baustoffindustrie.

Ihm empfiehlt den Blick zurück

Was könnte die Lösung sein? Volker Ihm empfiehlt den Blick zurück. Schadstoffarm, energieeffizient und ressourcenschonend zu bauen, sei ja ein »altes Rezept«. Über Jahrhunderte verwendete man das Material, das am Ort kostengünstig und in ausreichender Menge zur Verfügung stand. In Steinhöfel und Buchholz waren das Feldsteine. Kann man heute noch sehen, auch am Hof der Familie Ihm. Man baute dickere Wände. Das hielt die Häuser im Sommer länger kühl und im Winter länger warm. Ganz ohne Styropor und andere synthetische Baustoffe werde heute wieder vielversprechend mit solchen dicken Wänden experimentiert.

Volker Ihm sagt, er sei vor einiger Zeit auf eine 150 Jahre alte Hausbau-Rechnung gestoßen. Steine, Holz und auch die Arbeitsleistung hätten damals fast nichts gekostet. War alles günstig in der Nähe zu finden. Das Teuerste waren die Sachen aus Metall, die Nägel und Scharniere. Denn sie kamen von außerhalb.

vorherige Seiten:
Vor mehr als 15 Jahren hat sich Susann Fritsch in den Ort verliebt – und wohnt jetzt in den »Kurpark Kolonnaden«.

linke Seite:
Susann Fritsch an Fritz Cremers Bronze von Johannes R. Becher an der Bad Saarower Seestraße

Endstation Traumgehäuse

Julia Vogel

»Bad Saarow, aussteigen bitte!«, tönt es aus den Lautsprechern des Zuges, dann betritt man den Bahnhofsvorplatz. Am Wochenende fährt hier halbstündlich ein Zug, in der Woche stündlich. Verrückt, wenn man bedenkt, wie oft andere Orte des Landkreises angefahren werden. Bad Saarow hat es also geschafft. Es lohnt, dorthin einen Zug einzusetzen, und das auch noch regelmäßig. In 40 Minuten vom Berliner Ostkreuz mit Umsteigen bis zur Naherholung. Wer diese Strecke benutzt, weiß, was ihn erwartet: Natur, Golf, Segeln, Kultur, Sport, gutes Essen, Erholung pur.

Hier ist er also, der Ort, in dem Johannes R. Bechers »Traumgehäuse« steht, die Wahlheimat vieler zwischen Ruhe und Redseligkeit. Bad Saarow galt seit jeher schon als privilegiert. Bekannt durch seine Thermalquelle, seine medizinischen Einrichtungen, die Berlinnähe und seinen Kurort-Status seit 1923, ist es ebenso Anziehungspunkt für Mediziner und Architektinnen, Künstler und Kulturschaffende, Naturfreaks und Literaten.

Macht hier der Ort die Menschen, oder machen die Menschen den Ort?

Gertrud Zucker kommt nicht ganz freiwillig

Gertrud Zucker zog es auch nach Bad Saarow. Nicht ganz freiwillig, wie sie selbst sagt. Ihr Mann Gerd Zucker, Sohn von Antifaschisten, mit dem sie seit 1956 verheiratet ist, tritt in den 1950ern in die Kasernierte Volkspolizei (KVP), den Vorläufer der Nationalen Volksarmee der DDR, ein und studiert dort bis 1959 Medizin. Seine Stelle im Zentralen Armeelazarett

Bad Saarow wird ihm danach zugeteilt, und so kommt auch die Familie dorthin. Wohnungen sind zu der Zeit knapp. Erst in einem Patientenzimmer, dann in einem Haus am See mit zehn weiteren Menschen und Gemeinschaftsküche wohnen Zuckers die ersten zehn Jahre ihrer Saarower Zeit. 1970 wird ihnen dann das Haus, in dem die Illustratorin noch immer wohnt, zugeteilt. »Den Anspruch, herrschaftlich zu wohnen, der geht mir gegen den Strich«, sagt die heute 86-Jährige. Und doch kauft die Familie das Haus nach langer Mietzeit. Nur das Haus, denn bis 2008 streiten Gerd und Gertrud Zucker mit den Altbesitzern, die nach der Wiedervereinigung plötzlich auftauchen und auf Grundlage des »Gesetzes zur Regelung offener Vermögensfragen« Ansprüche erheben, um Grund und Boden. Am Ende gewinnen Zuckers wider Erwarten den Prozess.

Wenn es nach Gertrud Zucker gegangen wäre, hätte sie sich nie einen Garten gewünscht, zu viel Verpflichtung. Sie hadert erst damit, nach Bad Saarow zu gehen; zehn Jahre braucht sie, um anzukommen. Durch ihr Studium an der Kunsthochschule in Berlin-Weißensee erhält sie erste Aufträge bei Verlagen, hat bis heute mehr als 100 Kinderbücher gestaltet. Die gute Anbindung nach Berlin macht es ihr leichter, sie pendelt zwischen Familie und Auftraggebern, zwischen Bad Saarow und der Hauptstadt.

Fischgrätparkett, Einbauschränke

»Hier möchte ich nie wieder weg«, sagt die kleine Frau mit weißem Bubikopf. Sie steht in ihrem Haus, das genauso alt ist wie sie selbst, und strahlt Zufriedenheit aus. Fischgrätparkett, Einbauschränke und altes Geschirr, alles scheint unverändert – ein Haus mit Seele. Auch wenn ihr Mann seit zehn Jahren tot ist, die Lust am Leben bleibt ungebrochen. So segelt sie noch im hohen Alter auf dem Scharmützelsee. Auch wenn vieles nicht mehr so ist wie früher, alles so herrschaftlich wird, fast fremd im Zentrum: Bad Saarow ist ihre Heimat. »Hier bin ich verwachsen.«

Der Ort scheint sicherer Hafen zu sein. Dort gibt es alles, was man braucht. Kann ankern. In den Straßen, am See, in den Cafés Trubel: Geschäftstüchtige, Touristen, Leute von hier. Es ist vor allem der See, der Anziehungspunkt ist, dessen Blau sich aus jedem Blickwinkel ändert, der mal wirkt, wie der ungarische Plattensee, mal nach Stettiner Haff aussieht, mal nach »Märkischem Meer«. Es wechseln an seinen Ufern abgelegene Naturbelassenheit mit strenger Parkanlage und rasiertem Gras ab, mal umrandet von ferienparkähnlichen Wohneinheiten, Yachten und Stegen, mal wildes Schilf, bewaldete Flächen, dann große Golfanlagen und Villen mit Mansarddach oder prunkvollem Entrée. Bad Saarow ist im Sommer Großstadt. Rund 40.000 Touristen kommen jährlich und genießen das Flair. Dabei ist der Ort mit seinen knapp 6.000 Einwohnerinnen und Einwohnern nur eine – wenn auch wie eine Kleinstadt anmutende – Gemeinde. Landstadt würde gut passen, liegt es doch geografisch mitten im Land, fühlt sich immerhin fast wie Vorstadt an.

»Kurpark Kolonnaden« als Stadtzentrum erdacht

Die Grundstückspreise verraten es und sind in Oder-Spree nur im Berlin nahen Raum zu toppen. Was ein Ort so alles kann. Viele riechen den Braten, stellen Kräne auf, investieren, bauen und entwickeln. Auch Artprojekt. Doch hier, wie sie sagen, nicht nur mit dem Ziel, Geld zu machen, sondern auch, um zu bleiben – einen Ortskern und Arbeitsplätze zu schaffen. Der Blick geht nach vorn, auf weiße, mit klaren Linien gezeichnete, Säulen umsäumte Blöcke, die an Urlaub erinnern. Wer dort wohl wohnt, wer dort wohl hinzieht? Die weißen Klötze, sie wurden als Stadtzentrum erdacht. Artprojekt nennt sie liebevoll »Kurpark Kolonnaden«, denn dort können die Besucher, wie Alexandra von Stosch von Artprojekt sagt, »auch bei schlechtem Wetter flanieren«. 65 Wohnungen, zur Miete sowie als Eigentum gedacht, und im Erdgeschoss Gewerbe, ein Kino, mehrere Restaurants und Cafés, Läden, Galerien, Dienstleister. Der Leerstand ist verschwindend gering. Die Nachfrage riesig. Auch das neue Bauprojekt »Marina Apartments« an der Westseite des Scharmützelsees, das, so wie es Artprojekt eigens beschreibt, »Naturrefugium mit Spitzenarchitektur von David Chipperfield«, erfreut sich ungebrochener Beliebtheit. Quadratmeterpreise liegen dort bei 7.000 Euro und mehr. »Die Kaufkraft ist da«, sagt Alexandra von Stosch, »jedoch haben wir auch schon Interessenten abgelehnt, die nicht hierher passen. Wir wollen, dass sich der Ort gut entwickelt. Wir nennen das ja nicht umsonst ›curated future‹ – das hat alles mit Kümmern zu tun, mit gut und schön machen.«

»Hier wäre es doch schön, zu wohnen«

Als sie vor mehr als 15 Jahren das erste Mal durch Bad Saarow läuft, denkt Susann Fritsch genau das: »Hier wäre es doch schön, zu wohnen.« Dass dieser Wunsch 2017 in Erfüllung gehen würde, das hätte sie sich nie träumen lassen. Eigentlich aus Naumburg (Saale), zieht sie die Liebe in die Uckermark, in die Nähe von Schwedt. Dort arbeitet die heute 58-Jährige als Lehrerin, jedoch nur bis 2006 in der Fächer-Konstellation, wie sie sich das einst wünschte. 2009 versetzt sie ihre Schwedter Schule in den Primarteil. Ihre Traumfächer, Deutsch und Geschichte an der Oberstufe, rücken endgültig in die Ferne. Trotz ihres Mannes und ihres Eigenheimes beschließt Susann Fritsch, die Segel zu streichen, den Job zu wechseln und an der Europaschule in Storkow anzufangen.

Sie bezieht in Schulnähe ihre erste eigene Wohnung, fühlt sich wie in Studentenzeiten, richtet sich allein ein, ihr Mann kommt zu Besuch. Die Anzeige von den »Kurpark Kolonnaden« lesen ihr Schwager, später ihr Mann im Internet. Da macht es klick. Bad Saarow. Und schon besichtigt sie mit ihrem Mann das Planungsbüro. Stehen tut noch nichts, es gibt nur die Vision.

rechte Seite:
Illustratorin Gertud Zucker vor ihrem Haus in Bad Saarow

Beide zeichnen sich ihr eigenes »Traumgehäuse«, barrierefrei, mit Fahrstuhl, drei Zimmer, Bad und Küche und einer riesigen Terrasse – nichts Altes, alles neu, modern, fast schon hip. Susann Fritsch übernimmt den Rohbau, ihr Mann, selbst aus der Baubranche, managed den Ausbau. Das Haus an sich, es gefällt den beiden: »Architektonisch stimmig, es passt sich ein«. Und: »Bloß kein Garten mehr, der hält ab, vermittelt Verpflichtungen«, sagt Fritsch, »jetzt kann ich die Tür zu machen und einfach wegfahren. Bad Saarow ist meine Startrampe.«

Yogakurs und Golf spielen vor der Haustür

Der Ort ermöglicht Susann Fritsch ein neues Leben. Ihr Mann bleibt weiterhin in der Uckermark, plant, erst im Ruhestand nachzuziehen. Allein baut sie Klischees ab, lässt sich auf Unerwartetes ein, macht einen Yogakurs und spielt Golf vor der Haustür. »Es bietet sich hier an«, sagt die lebensfrohe Neu-Saarowerin; ihr Vorurteil, alles »Schickimicki«, bewahrheitet sich nicht. »Ich hatte immer das Bild vom alten, ständig telefonierenden Anzugträger, der während des Golfspielens Geschäfte macht. Aber Handys sind nicht erlaubt, das verstößt gegen die Etikette. Das hat mich verblüfft.« Mittlerweile ist Golf für Susann Fritsch ein sehr zeitintensives Hobby in den warmen Monaten geworden; damit die Lehrerin im Winter fit bleibt, geht sie joggen.

Mit Beginn des neuen Schuljahres wechselt sie an die Saarower Oberschule »Maxim Gorki« und kann sagen: »Nun bin ich richtig angekommen.« Bad Saarow, das sei keine »Blase«. »Dieses Hintergrundrauschen, man hört die Autos von Weitem, hört Kinder, mal Musik, es fühlt sich nach Leben an. Und dieser Waldgeruch, der ist es, der Bad Saarow ausmacht.«

Bad Saarow. Paradies inmitten der Provinz. »Ein Kiefernforst … Wie eine Blüte winkend/ Ein Segelboot vergleitet in dem Blauen/ Und Stille spricht, beredte Einsamkeit.« (Johannes R. Becher, »Mein Traumgehäuse«)

vorherige Seiten:
Seit Mitte der 1960er-Jahre verbringt Reni Vater jede freie Minute am Schwielochsee.

linke Seite:
Zweitwohnung im Grünen: Reni Vater (Mitte) mit Marianne Lubasch (l.) und Heinz Vehma vor ihrem Wochenendhaus in Pieskow

Mallorca fürs Wochenende

Stephanie Lubasch

Aufsteigende Hitze über den Sandwegen. Ein leichter Wind, der durch den Mais geht, dazu der harzig-trockene Geruch von Kiefern. Ihre abgeworfenen Nadeln pieken in die Fußsohlen, wenn man barfuß hinunter läuft zum See, das Johlen badender Kinder schon im Ohr und das gleichmäßige Gebrumm von Motorbooten. Mein Vater segelt mittlerweile lieber, und spätestens nach dem Mittagessen wird, obwohl sie die Sonne gern bequemer auf der Campingliege genießen würde, auch meine Mutter mit an Bord gehen. Das ist der Sommer meiner Kindheit. Vier Wochen lang, jedes Jahr. Und an allen Wochenenden.
Für die Menschen in der DDR, das liest man heute gern, war die »Datsche« – oder wie es in unserer Familie heißt: das Wochenendhaus – ein privater Rückzugsort, ein Stück persönlicher Freiheit und vielleicht auch ein kleiner Trost, dass Spanien und Italien nicht nur im Sommer unerreichbar blieben. Bis 1989 sollen allein auf Pachtland etwa 1,6 Millionen selbstgebaute Bungalows errichtet worden sein. Dazu kommen, auch wenn es weitaus weniger sind, die Datschen auf privatem Grund.

Zuerst denken sie in Richtung Zelt

Meine Eltern erfüllen sich ihren Traum vom Plätzchen im Grünen Anfang der 1960er-Jahre. Eigentlich denken sie erst in Richtung Zelt. Aber dann, erinnert sich meine Mutter, erzählt ihr eine ehemalige Kollegin, die am Westufer des Schwielochsees regelmäßig campt, dass auf der Ostseite, in Pieskow, Land für Wochenendhäuser verkauft wird.
Es ist das Land von Werner Richter, einem Pieskower Bauern. »Er musste verkaufen«, erzählt sein Sohn Rudi. Denn der Staat

wünscht sich dort offenbar ein Erholungsgebiet. Richter gehört der nördliche Teil der insgesamt 8,6 Hektar großen Fläche, bis hinter zum Pieskower Torfgraben. 60 Parzellen sollen entstehen. »Entweder, man hat für wenig Geld verkauft, oder man wurde enteignet«, sagt sein Sohn. So habe es ihm sein Vater erzählt. Während es andere Landbesitzer offenbar drauf ankommen lassen, beißt Werner Richter in den sauren Apfel und gibt den Quadratmeter für Preise zwischen 50 Pfennigen und einer Mark ab. Nicht an den Staat, sondern direkt an die Bauherren. Für die ist das erst einmal ein Schnäppchen, spätestens nach der Wende aber ein noch größeres Glück, bringt es sie doch nicht in die Bredouille vieler DDR-Hausbesitzer, dass ihnen zwar ihre vier Wände gehören, nicht jedoch der Grund und Boden, auf dem sie stehen.

255 Quadratmeter auf einem Acker

Als meine Eltern beschließen zu kaufen, können sie sich das Grundstück noch aussuchen. 255 Quadratmeter auf einem Acker. Weil meine Mutter eigentlich lieber in den Wald will, pflanzt mein Vater fünf Birken, deren Laub sie von nun an Herbst für Herbst zusammenharken werden. In ihrer Parzellenreihe sind sie die ersten, die mit dem Bau beginnen. Die Materialbeschaffung ist nicht einfach, kann aber zum Glück über eine Cousine meiner Mutter organisiert werden, die in einem Baustoffhandel arbeitet. Die Arbeit vor Ort übernehmen ein Maurer und ein Maler. Als sie fertig sind, steht auf dem einstigen Acker etwas, das aussieht, wie ein Einfamilienhaus, aus dem man die Luft raus gelassen hat. Anders als bei den benachbarten Bungalows gibt es ein Spitzdach mit Boden, in dem wir Jahrzehnte später, als wir das Dach neu decken, neben viel altem Krempel auch die Wasserskier finden, mit denen meine Eltern in jungen Jahren über den See gerauscht sind.

Schon 1962 verbringen sie dort ihren ersten Sommerurlaub. Meine Schwester ist damals sechs Jahre alt, mein Bruder erst wenige Monate. Wenn meine Mutter seine Windeln auskocht oder ihm ein Fläschchen macht, holt sie dafür das Wasser aus einer Pumpe im Garten. Einen Anschluss ins Haus gibt es erst viel später, wahrscheinlich, als mein Vater es Ende der 1970er-Jahre noch einmal umbaut und aus der kleinen Terrasse eine Küche wird. Das Abwasser wiederum sammelt sich wie bei allen anderen auch in einer Grube, die regelmäßig leer gepumpt werden muss.

Küchenloch für einen Kasten Bier

Einen Keller unterm Haus gibt es nicht, stattdessen eine Art in den Boden eingelassenen Bootsschuppen am Grundstücksrand. »Keller waren nicht erlaubt«, erzählt Heinz Vehma, und auch, dass manche das umgehen und sich über eine Luke im Küchenboden in die Tiefe graben. »Ich selbst hatte dort nur ein Loch, in das genau ein Kasten Bier gepasst hat.«

Vehma kommt 1963 nach Pieskow. Eigentlich sind zu diesem Zeitpunkt schon alle 60 Parzellen auf der Nordseite der

Siedlung vom Markt. Ein paar wenige Datschenbesitzer jedoch springen wieder ab. Auch ein Hygieneinspektor aus Seelow. Vehma, der Kraftwerke baut und zu dieser Zeit in Vetschau arbeitet, nutzt die Chance und kauft das Grundstück für einen Quadratmeterpreis von 80 Pfennigen. Dann erwirbt er von seinem Arbeitgeber eine alte Baracke, sucht sich die Platten heraus, die er braucht, lässt sie von der Feuerwehr sanieren und baut sie in Pieskow wieder auf. »Jeden Nagel hier habe ich selbst eingeschlagen«, erzählt der heute 90-Jährige nicht ohne Stolz. »Das ist keine alte Baracke mehr, sondern ein ›Kanzler-Bungalow‹«.

Natürlich gibt es bei alldem Vorgaben. Grundlage ist unter anderem der 1961 aufgestellte und vom Rat des Bezirkes Frankfurt (Oder) 1962 städtebaulich und dorfplanerisch bestätigte Flächenplan. »Zum Beispiel«, sagt Vehma, »war festgelegt, dass die 60 Häuser immer in zwei Reihen zu stehen haben, wobei die Bungalows der einen Reihe in Leicht-, die anderen in Massivbauweise mit Flachdach, ohne Giebel, auszuführen sind.«

Nachbargrundstück wird dazu gekauft

Kontrolliert wird das alles kaum. Wer heute durch die Siedlung schlendert staunt nicht schlecht, wie verschieden und auch wie groß die Wochenendhäuser dort mitunter sind. Bei Irene Vater, die alle reihum nur Reni nennen, liegt es allerdings daran, dass es eigentlich zwei Gebäude sind: Als die Nachbarn ihres irgendwann abgeben, kaufen sie und ihr Mann es einfach dazu.

Auch bei ihnen sind es vor allem Wald und See, die sie Mitte der 1960er-Jahre nach Pieskow locken. Nach ein paar Jahren auf dem Zeltplatz, können Vaters die Parzelle neben meinen Eltern aus zweiter Hand kaufen. Vieles wird selbst gemacht, manchmal aus Abrissmaterialien. Renis Mann ist Tischler, das passt. Die Leidenschaft der beiden gehört wie bei so vielen am See dem Wassersport. Fast jeder dort hat ein Boot, und Mitte der 1980er-Jahre tauchen sogar die ersten Surfbretter auf. Für meinen wochentags hart arbeitenden Vater ist das das Schönste: bei gutem Wind im Heck seiner Ixylon zu sitzen und zwischen Jessern, Zaue und Speichrow übers Wasser kreuzen. Ist die Saison vorbei, wird die Jolle aus dem Wasser geholt und kommt ins Bootshaus, einen Gemeinschaftsbau in der Mitte der Siedlung. »Anfangs, als die Häuser gebaut wurden«, erinnert sich Rudi Richter, »hat mein Vater von dort immer den Kies geholt, mit dem Pferdefuhrwerk.«

Kombinatsleiter und Ingenieurinnen

Die Menschen, die damals den See für sich entdecken, kommen zumeist aus den Bezirken Frankfurt (Oder) und Cottbus. Statt »normale« Werktätige sind es meist Kombinatsleiter, selbstständige Handwerker, Ingenieurinnen. Und alle haben Kinder. Die gehen, als sie klein sind, gemeinsam Rad fahren und schwimmen und treffen sich später als Teenager auf dem Pieskower Zeltplatz hinterm Torfgraben zur Disko.

rechte Seite:
Reni Vater bei ihrem morgendlichen Bad im See

Es ist also nicht nur die Wende, die alles verändert. Die Datschenbewohner und -bewohnerinnen sind in die Jahre gekommen, ihre Kinder erwachsen. Bei manchen fahren noch die Enkel mit ins Grüne. Aber es wird ruhiger in der Siedlung – und im Dorf. Der Konsum schließt, später auch die Gaststätte. Viele aus der Siedlung sind dort an den Wochenenden gern zum Essen gegangen. Der Zeltplatz macht dicht. Es gibt keinen Bademeister mehr, keinen Sprungturm, keine Rutsche. Immer mehr Wochenendhäuser stehen leer. Die Sommerfrischler, die noch da sind, kämpfen um ihren Bestand. Bebauungspläne sollen ihn sichern, was nicht ganz unproblematisch ist, da die Siedlung mit ihren insgesamt 145 Wochenendhäusern im Landschaftsschutzgebiet liegt. »Pieskow Nord«, zu dem auch die Häuser von Heinz Vehma, Reni Vater und meinen Eltern gehören, wird zwischen 2010 und 2013 als vorletzte Teilfläche überplant.

15.000 Euro für einen Lebenstraum

Zwei Jahre, bevor die Planungen abgeschlossen sind, verkaufen wir das Haus. Meine zu dieser Zeit 75-jährige Mutter hat keine Lust mehr, immer jemanden darum zu bitten, sie aus Frankfurt (Oder) die 50 Kilometer bis an den See zu kutschieren, und wir Kinder haben keine Lust, uns das Haus ans Bein zu binden. Zu DDR-Zeiten ist es wie ein Sechser im Lotto, an so ein Grundstück zu kommen. Nun dagegen müssen wir lange nach Käufern suchen. 15.000 Euro für einen Lebenstraum: Heute, erzählt Rudi Richter, gehen manche Häuser in der Siedlung für das Zehnfache weg.

Heinz Vehma und Reni Vater sind geblieben. Um sie herum sind wieder alle Bungalows belegt, die neuen Besitzerinnen und Besitzer kommen bis aus Sachsen, Sachsen-Anhalt und Bayern. Die Wasserver- und -entsorgung läuft zwar nach wie vor dezentral über eigene Brunnen und Sammelgruben, dafür gibt es Telefon.

»Ich bin eben ein Landei«, sagt Reni Vater, die sich heute mehr in Pieskow aufhält, als daheim in Groß Oßnig (Spree-Neiße). Jeden Morgen nach dem Aufstehen geht die 90-Jährige im See schwimmen. Wenn die Kraft irgendwann nicht mehr reicht, übernehmen den Bungalow im besten Fall die Enkel. »Verkaufen werde ich auf keinen Fall!«

Heinz Vehma hat schon vorgesorgt, die Parzelle an den Sohn überschrieben. Noch aber genießt er ihn selbst, den Sommer zwischen Kiefern, Mais und See. »Pieskow«, sagt er, »ist einfach unser Mallorca.«

LAS DA 888

16

vorherige Seiten:
DDR-Siedlungsbau: Eigenheim des Typs EW 71 A in Fangschleuse (Mitte)

linke Seite:
Jochen Mangelsdorf bewohnt in Lindenberg seit den 1970er-Jahren ein Eigenheim in der Ausführung EW 65 BB als Doppelhaus.

Typenbau mit Klasse

Tina Veihelmann

Schöpfer der EW-Typenhäuser war Willy Stallknecht, der Architekt, der auch den Plattenbau P2 mit der bekannten Durchreiche konzipierte. Die Durchreiche findet sich auch im EW 65 wieder. EW stand für Einfamilienwohnhaus. In der noch recht jungen DDR waren sie als Beitrag gedacht, das Wohnraumproblem zu lösen. Und in Anbetracht der vielen EW, die gebaut wurden, waren sie das bestimmt auch.
Das EW war, so könnte man es beschreiben, als Bausatz zu haben. Die Bauherren erhielten einen Plan und – soweit vorhanden – Baumaterial. Letzteres wurde meist per Bahn angeliefert. Von 1958 an bis zum Ende der DDR wurden verschiedene Typen des EW erdacht – und mit viel Einsatz seiner Bauherren vom Plan zum Bauwerk gemacht: vom EW 58, vollunterkellert mit und ohne Loggia, bis hin zum EW 65 mit seiner Durchreiche. Von allen Typen existierten verschiedene Varianten, und von diesen wiederum bauten die Bauherren ungezählte Abwandlungen, ihrem Gusto, ihren Möglichkeiten und den verfügbaren Ressourcen entsprechend. So entstand ein bunter Teppich von zweistöckigen Häusern mit Satteldach, meist mit Gärten, Terrasse und Terrassenkamin. Ein Stück Baukultur, das die DDR stark prägte, die aber selten Thema ist. Die EW-Häuser stehen oft in den Siedlungen und an den Ausfallstraßen der Dörfer. Sie winken Durchfahrenden den Willkommens- und Abschiedsgruß. Verglichen mit den heutigen platten Bungalows auf handtuchgroßen Baugrundstücken wirken sie großzügig und haben Klasse.

Volksgut hatte eigene Baubrigade

Die Sache mit den Ressourcen war bei einem EW-Bauprojekt ein entscheidender Punkt. Jochen Mangelsdorf hatte in dieser Hinsicht Glück. Sein Glück bestand darin, dass das Volksgut Lindenberg eine eigene Baubrigade hatte. In den 1970er-Jahren litt die ländliche DDR unter drückendem Arbeitskräftemangel. Das Volksgut versuchte daher, junge Fachleute an sich zu binden, indem es ihnen ein Eigenheim in der Ausführung EW 65 BB als Doppelhaus versprach. Wer wollte, konnte sich bewerben. Und bekam den Zuschlag – oder bekam ihn nicht. Jochen Mangelsdorf war damals 26 Jahre alt, Diplomagraringenieur, verheiratet mit zwei Kindern und lag damit zweifelsfrei im Zielkorridor. Er kam ursprünglich aus Halle, hatte im Volksgut seine Berufslaufbahn begonnen, spielte als hoffnungsvoller Absolvent eines nachgefragten Studienfachs aber gerade mit dem Gedanken, mit einem Auslandsprogramm nach Angola zu gehen. Doch für das Angebot, eine Doppelhaushälfte mit Trabbigarage und Garten zu bewohnen, zog er gern dauerhaft nach Lindenberg in den märkischen Sand. Um den Privatbau verwirklichen zu dürfen, musste er versprechen, dem Volksgut mindestens 15 Jahre lang treu zu bleiben. 75.000 Mark Festpreis kostete ein EW-Bau. 10.000 Mark wurden erlassen – für das Treueversprechen. Außerdem flossen das Kindergeld und der Ehekredit in den Bau. Für rund zwei Drittel der übrigen Baukosten nahmen die Mangelsdorfs einen zinsvergünstigten Kredit bei der Landwirtschaftsbank auf. Die übrigen Kosten mussten sie selber stemmen. Kein dünnes Brett. Aber von da an lief dafür alles wie geschnitten Brot.

Scharwerken nach Feierabend

Private Eigenheime bauten in der DDR so gut wie ausnahmslos sogenannte Feierabendbrigaden. Feierabendbrigaden – die ältere Generation kennt den Begriff – waren eine Erfindung der DDR, um eine spezifische Lücke zu füllen. Sie erledigten in den Betrieben alle Aufträge, die keinen Vorrang genossen. Vorrang hatten alle öffentlichen Belange – wie beispielsweise Aufträge der Verwaltung, der Armee oder der Staatsbetriebe. Nach deren Erledigung waren – auf dem Papier zumindest – die Reserven der Betriebe erschöpft. Da aber auch Privatleute kaputte Dachrinnen hatten, einen Klempner brauchten oder gar ganze Häuser bauen wollten, ergab sich das Problem, dass für diese im Grunde zu keinem Zeitpunkt je Arbeitskräfte oder Material frei gewesen wären. Der Schlüssel zur Lösung waren die Feierabendbrigaden. Als ein Novum in einer neu definierten Zone zwischen Legalität und Schwarzarbeit, scharwerkten die Brigaden der Handwerksbetriebe, um die vielen privaten Aufträge zu erfüllen, »nach Feierabend«. Mit der Erlaubnis des Betriebs, mit den Maschinen des Betriebs – und mit den Baustoffen der Betriebe. Aber auf eigene Rechnung. Ein zeitgenössischer Witz besagt, dass der Beton, den die Baubrigaden an Freitagen gossen, den geringst möglichen Zementanteil hatte. Einen homöopathischen Anteil an Zement, könnte man sagen. Das Ergebnis war ganz nah am Porenbeton. Und das, damit an den Samstagen der Mörtel für die Privathäuser gemischt werden konnte. Im Fall des Volksgutes Lindenberg beauftragte ein Staatsbetrieb selbst seine eigene Baubrigade mit der »Feierabendarbeit«.

Der Familie Mangelsdorf bescherte dieser Umstand eine äußerst dankbare Situation. Hatten andere EW-Haus-Bauherren damit zu kämpfen, die Feierabendbrigaden mittels Beziehungen und kleinen Gefallen für ihre Baustellen zu begeistern, kam bei den Mangelsdorfs sozusagen alles aus einer Hand. Die Maurer des VEG zogen die Mauern hoch, die Zimmerleute bauten den Dachstuhl, sprich, man sorgte dafür, dass schon der ganze Rohbau stand.

Mit Kind und Kegel auf der Baustelle

Das heißt nicht, dass damit alles fertig gewesen wäre. Familien, die EW-Häuser bauten, bezogen niemals ein schlüsselfertiges Eigenheim. Das Gros der Familien verbrachte mit Kind und Kegel jede Minute seiner Zeit auf den Baustellen. Es ging los mit der Benachrichtigung, dass dann und dann ein Güterwaggon mit mehreren Tonnen Ziegeln oder Dachsteinen am Bahnhof ankäme, der bis zu einem bestimmten Zeitpunkt abzuladen sei. Wie die Bauherren das anstellten, war ihre Sache. Die meisten schafften es. Sie mussten ja. Weiter ging es, indem die Leute Gruben aushoben, Bodenplatten gossen, mauerten, Dachlatten nagelten und auf Campingkochplatten Scharen von Handwerkern und helfenden Freunden bekochten. Die Kinder mancher EW-Baufamilien verbrachten ihre Sommer in Sandhaufen, neben denen sich die Zementmischer drehten. Junge Frauen, die mitbauten, legten en passant ihre Säuglinge an die Brust. Die EW-Baustelle als Abenteuer für die ganze Familie.

Eine besondere Herausforderung waren die Beschaffungsaufgaben. Klassisch beschafft wurden Wand- und Bodenfliesen. Aber auch Technik wie Heizungsrohre oder Kessel für die in den Siebzigerjahren beliebten »Schwerkraftheizungen«. Sie waren Mangelware und verlangten den Menschen Fantasie und Einsatz ab. Als Jochen Mangelsdorf eine Annonce schaltete: »Suche Heizkessel für Schwerkraftheizung«, antwortete ihm jemand: »Suche ebenfalls einen Heizkessel. Falls es Ihnen gelingt, zwei zu besorgen, biete ich Ihnen im Tausch eine Bohrmaschine an.«

Echter Marmor für das EW-Haus

Mit den vielen kleinen persönlichen Triumphen der Menschen, allem zum Trotz einen Schwerkraftheizungskessel oder Badezimmerfliesen aufzutreiben, stand und fiel der Erfolg eines EW-Bauprojekts. Mancher Bauherr soll dem Kitzel, dabei das Schicksal herauszufordern, regelrecht erlegen sein. In einem Nachbardorf organisierte ein Bauherr echten Marmor für sein EW-Haus. Er holte ihn aus Dresden ab und verlud 1,8 Tonnen des edlen Materials auf einem einachsigen Hänger und im

Kofferraum seines Trabants. Der Thrill bestand darin, dass angesichts der Marmorlast das Fahrzeug nicht bremsen konnte, sobald die Fahrt abwärtsging. Mann und Pappe brachten es, wenn man der Erzählung des Helden glaubt, am Hang auf 160 Sachen, bevor die Tachonadel abflog. Ein EW-Bauprojekt bescherte den Männern, wonach sie sich am meisten sehnten: echtes Risiko, echten Mut und verdienten Erfolg.

Viele EW-Bauherren und -frauen beschreiben ihre Bauzeit im Rückblick als eine glückliche Zeit. So nah sei man später, im fertigen Heim, mit seinen Lieben nie mehr beisammen gewesen. Heute werden die EW-Häuser zum Teil bereits an die nächste Generation vererbt oder verkauft. Es seien gute Häuser, versichern die Bauherren, die jetzt selbst rüstige Rentner sind. Sie sind solide gebaut, und man weiß genau, woraus sie bestehen. Die vielen selbst gemachten Details verleihen ihnen Persönlichkeit. Die selbstgeschmiedeten Gartenzäune haben immer andere Formen und Farben. Kein handgemauerter Gartengrill gleicht dem anderen. Und die Geschichten um sie sind ein unerschöpfliches Reservoir, das die kommenden Generationen gut aufbewahren sollten.

Herzberger Straße
21a

KURYLYSZYN
bau

Ausfahrt
Tag u. Nacht
freihalten!

vorherige Seiten:
Dem jetzigen Friedländer Ärztehaus gegenüber ist ausreichend Platz für die neue Doppelpraxis.

linke Seite:
Stanley Fuls hat den Praxisneubau angeschoben, Annett Matuschak später übernommen.

Ärztehaus als Blaupause

Michel Nowak

Vor einer recht trostlos wirkenden Brachfläche nahe der Burg Friedland stehen an diesem heißen Sommernachmittag Annett Matuschak und Stanley Fuls. Die beiden sprechen dort über geplante Außenfassaden, über Regenwasser-Versickerung und die Anzahl von Parkplätzen auf dem Gelände. Dort, wo jetzt hinter einem hohen Bauzaun ein paar Gräser der Hitze trotzen, soll bald ein echtes Vorzeige-Projekt des Landkreises entstehen: Der Bau einer ökologisch nachhaltigen Doppelarztpraxis in Friedland ist beschlossene Sache. Und am Gelingen dieses Vorhabens haben Annett Matuschak sowie Stanley Fuls entscheidenden Anteil. Die eine als Leiterin des Amtes für Infrastruktur und Gebäudemanagement, der andere als Ideengeber und ihr Vorgänger in dieser Funktion.

Medizinische Versorgung bröckelt

Im Jahr 2019 befasste sich der Ausschuss für Ländliche Entwicklung genauer mit der rund 3.000 Einwohner zählenden Stadt Friedland. Nachdem dort mehrere Ärzte in den Ruhestand gegangen waren oder dies für die nächsten Jahre planen, bröckelt die eigentlich gute medizinische Versorgung für die Region zunehmend. »Das ist hier wirklich ein großes Thema«, berichtet Stanley Fuls als Bewohner des kleinen Friedländer Ortsteils Pieskow praktisch aus erster Hand. Die verbliebenen Mediziner, Sven Schaper und die erst seit einigen Jahren in Friedland praktizierende Irina Hadzhieva-Pavlova, sind zudem mit ihrer aktuellen Raumsituation nur bedingt zufrieden. Wegen der fehlenden Barrierefreiheit zum Beispiel gelten ihre Behandlungszimmer perspektivisch für potenzielle Nachfolger eher als unattraktiv. Bestehende Gebäude in Friedland bieten, weil meist auch recht beengt, keine Alternativen.

»Weil die Praxen auch Zuträger für das kreiseigene Oder-Spree-Krankenhaus in Beeskow sind«, sagt Stanley Fuls, »kam nun die Idee auf, dass, vom Landkreis gesteuert, ein zeitgemäßes Haus für Allgemeinmediziner im ländlichen Raum errichtet wird.« Interessierte Mediziner könnten dort für eine vergleichsweise günstige Miete einziehen. Gelänge das Vorhaben, wäre einem weiteren Praxissterben vorgebeugt, so die Überlegung.

Auf die Idee folgen Taten: Mit Unterstützung der Verantwortlichen für Liegenschaften in der Kreisverwaltung wird für das Vorhaben recht schnell ein leerstehendes Grundstück in der Pestalozzistraße – dem jetzigen Ärztehaus gegenüber – gefunden und mit Zustimmung der Abgeordneten gekauft. »Zu diesem Zeitpunkt stand auf dem Gelände noch ein altes Elektrizitätswerk«, sagt Annett Matuschak. Um 1920 errichtet, diente es später als Büro-, Lager- und auch Wohnhaus. Im Jahr 2021 wird der Altbau abgerissen – der erste sichtbare Schritt auf dem Weg zur Friedländer Doppelarztpraxis.

Haus soll sich in die Umgebung einfügen

Als Architekt erstellt Stanley Fuls, damals noch Amtsleiter und Vorgesetzter von Annett Matuschak, nach Kauf des Grundstücks eine erste Konzeptstudie für ein Ärztehaus mit zwei Praxen für insgesamt voraussichtlich acht Beschäftigte. Das geschieht zunächst in seiner Freizeit: »Denn ich mache mir auch als Bewohner mittelfristig um die ärztliche Versorgung in der Region einfach wirklich Sorgen.«

Einen schlanken, eher schlichten Eingeschosser plant der 50-Jährige. Die länglichen Formen vieler Wohngebäude, Scheunen und Ställe in der Umgebung will er damit aufnehmen. Eine bedeutende Rolle als Baumaterial spielt Holz als Verkleidung für die Außenfassade.

»Das Haus wird zudem aus verschiedenen, für dieses Projekt gefertigten Modulen bestehen, die aneinander koppelbar sind«, sagt Annett Matuschak, die selbst im nahegelegenen Dorf Möllen wohnt. In den einzelnen, vor Ort aufgebauten Abschnitten befinden sich dann unter anderem Anmeldung, Warte- und Behandlungsräume sowie Sanitäreinrichtungen. Verbunden sind sie durch einen großen Flur. Außenlicht strömt in das Haus sowohl durch bodentiefe Fenster als auch durch verglaste Innentüren und Lichtkamine im Dach.

Hohe Energie-Effizienz anvisiert

Auch Annett Matuschak begleitet das Projekt von Anfang an. »Sie hat es aus den ersten Skizzen heraus in Formen gepresst«, sagt Stanley Fuls. Weil sie als Architektin besonders auf nachhaltiges Bauen und Energieeffizienz spezialisiert ist, sei die 50-Jährige ein Glücksfall für das Vorhaben. »Ich glaube, wir müssen uns in Zeiten des spürbaren Klimawandels verändern«, sagt

Stanley Fuls. Eine »Null-Energie-Ärztepraxis« in Friedland könne zwar voraussichtlich nicht verwirklicht werden, erläutert die Amtsleiterin, »aber das Gebäude wird in jedem Fall der sehr guten Effizienz-Haus-Stufe 40 entsprechen und verfügt damit über einen hohen Energie-Effizienz-Standard«.

Der mit der Planung beauftragte Berliner Architekt Hennig von Wedemeyer vom Büro TRU Architekten hat diesen seitens der Kreisverwaltung vorgegebenen Standard in seinem Entwurf entsprechend umgesetzt. So sind beispielsweise vier Erdwärme-Sonden vorgesehen, die bis in 80 Meter Tiefe reichen und die Fußbodenheizung über ein Wärmepumpensystem versorgen. Praktischerweise kann das im Sommer auch umgekehrt zur Kühlung verwendet werden.

LED-Lampen und ausgereifte Wärmedämmung

Eine hohe Nachhaltigkeit wird zudem durch die Photovoltaik-Anlage auf dem Dach sowie Energiespeicher, die Installation von LED-Lampen für nahezu die gesamte Beleuchtung, die ausgereifte Wärmedämmung beispielsweise aus recyceltem Altpapier und das Verwenden von vorzugsweise heimischen Hölzern aus zertifizierter, nachhaltiger Forstwirtschaft erreicht.

Auf dem für 18 Pkw ausgelegten Parkplatz soll eine Ladesäule stehen, auch an eine Regenwasserversickerung auf dem Grundstück ist gedacht.

Die beiden Friedländer Ärzte Irina Hadzieva-Pavlova und Sven Schaper sind nahezu von Beginn an beim Projekt dabei. Sie unterschrieben frühzeitig Mietverträge und bringen sich mit ihren Wünschen aktiv in der Planungsphase ein. Mit dem attraktiven, neuen Raumangebot sowie günstiger Miete ist die Hoffnung berechtigt, dass sich in einigen Jahren Nachfolger finden lassen. Bei Interesse könnten diese Ärzte dem Landkreis das Objekt auch abkaufen. Und bleibt die Zahnärztin in der Stadt, ist der Standort aus Versorgungssicht deutlich aufgewertet.

Vorbild für ähnliche Projekte?

»Wir wünschen uns, dass wir mit dieser neuen Art von Haus auch eine Blaupause für andere Neubauten schaffen«, sagt Annett Matuschak. Die Fertigung mit Modulen sei übertragbar auf andere Projekte. »Ich würde das gar nicht auf den Landkreis Oder-Spree beschränken«, fügt Stanley Fuls hinzu, »mit dieser modularen Arztpraxis haben wir uns neuen, zukunftsfähigen Konzepten geöffnet. So ein Projekt kann mit geringfügigen Anpassungen jetzt an anderen Standorten wiederholt werden.« Zwar gebe es vereinzelt Kritik, etwa an der vermeintlich »barackenartigen« Optik des eingeschossigen Hauses. Die beiden sind sich aber sicher, dass die erste, vom Kreis in Eigenregie errichtete Ärztepraxis überzeugen wird.

Bis es so weit ist, bleibt noch ein ordentliches Stück Weg. Seit dem Abriss des alten Elektrizitätswerkes wird zwar im Hintergrund gearbeitet, der Aufbau beginnt aber erst im Jahr 2023.

rechte Seite:
Internistin Irina Hadzhieva-Pavlova und Schwester Katrin freuen sich auf die größere Praxis.

Die Übergabe des Objekts ist für das darauffolgende Frühjahr anvisiert. »In einer idealen Welt wären wir schneller vorangekommen«, bedauert Stanley Fuls. In diesem Fall gebe es aber statt eines Bauherrn mit den beteiligten Aktionären – wie dem Amt für Infrastruktur und Gebäudemanagement, der Kämmerei mit der Arbeitsgruppe Liegenschaften sowie den Ärzten als Mieter – mehrere Interessenvertreter. Zusätzlich entstanden mit der Corona-Pandemie seitens der Ärzte weitere Wünsche, um etwa Abstandsregeln einhalten zu können. So wuchs die Grundfläche des geplanten Hauses von ursprünglich 360 auf zwischenzeitlich 480 Quadratmeter. Durch die Zusammenlegung der Wartebereiche beider Praxen wurde die Fläche nun wieder auf 421 Quadratmeter reduziert.

Zeitgemäße Baukultur im ländlichen Raum

Ob der aktuelle Kostenrahmen von 2,8 Millionen Euro gehalten werden kann, steht noch nicht fest. Die Ergebnisse der abschließenden Ausschreibungen müssten noch abgewartet werden, heißt es von der Amtsleiterin. Der politische Wille für die Umsetzung ist definitiv da, der Abriss erfolgt, der Aufbau geplant. Die Arztpraxis-Premiere in Friedland bleibt dennoch ein kompliziertes Vorhaben. »Aber nichts wird den Moment aufwiegen, wenn dieses Projekt fertig ist«, sagt Stanley Fuls. Und auch für Annett Matuschak überwiegt eindeutig die Vorfreude: »Wir werden hoffentlich in zwei Jahren hier stehen und auf Friedlands neue Arztpraxis anstoßen«, glaubt sie. Im besten Fall verfügt die Stadt dann nicht nur langfristig über ausreichend Mediziner für die Menschen in der Umgebung, sondern auch über ein Stück zeitgemäße Baukultur im ländlichen Raum.

STREIFZÜGE 2022

vorherige Seiten:
Abenteuerland: Bauspielplatz des Südclubs

linke Seite:
Holz ist sein Lieblingsmaterial: Matthias Bogdan vor der offenen Werkstatt auf dem Gelände des Fürstenwalder Südclubs

Bauen mit Herz und Holz

Henriette Brendler

Wer das Tor zum Südclub an der Fürstenwalder Bahnhofstraße öffnet, betritt eine andere Welt. Linker Hand, zwischen fast 100 Jahre alten Maulbeerbäumen, blitzen bunte Holzhütten hervor. Der Platz ist von Brettern umrahmt, auf denen in farbigen Buchstaben Verben wie erleben, begreifen, staunen, mitmachen, einmischen, entwickeln gemalt sind. Vorbei an umgebauten Schubkarren mit fröhlichen Pferdeköpfen und einem hölzernen Spitzhut-Männchen führt der Weg in eine hohe, halb offene Werkstatt, die mit den Baumkronen zu verschmelzen scheint. Dort gibt es gut sortierte Regale mit Holzstücken in jeder Größe und alle Werkzeuge, die man sich vorstellen kann: Hammer, Säge, Schnitzmesser, Schäleisen, Schraubzwingen.

Es ist das Reich von Matthias Bogdan, der diesen Jugendclub-Standort aufgebaut hat und seitdem immer weiter baut – vor allem mit seinem Lieblingsmaterial Holz. Sein Fachgebiet, das ist der Spielplatz- und Spielzeugbau, aber genauso die Sozial- und Projektarbeit mit Kindern und Jugendlichen.

Baracke in der Reifenwerkersiedlung

Als Bogdan 1994 als selbstständiger Spielzeug- und Holzgestalter nach Fürstenwalde kam, gab es den Südclub in seiner jetzigen Form noch nicht. »Der Vorläufer war eine Baracke in der Reifenwerkersiedlung, die Jugendliche nach der Wende okkupiert hatten und mit Erlaubnis der Stadt nutzten«, erzählt der 58-Jährige. Er selbst hatte in der Region zunächst andere Aufträge zu erfüllen – etwa die Durchführung eines Holzbearbeitungskurses für Arbeitslose im Pintsch-Ring.

»Meinen ersten Fürstenwalder Spielplatz habe ich 1996 bis 1998 im Paul-Frost-Ring gebaut. Das hat ein Jahr gedauert und war eine tolle Zeit, mit unserem Wohnbauwagen mitten im Neubaugebiet«, erinnert er sich. Und es sollten viele weitere Spielplätze folgen.
Zahlreiche Kontakte sind in dieser Zeit entstanden, und als 1997 jemand gesucht wurde, der unter der Trägerschaft der Betriebssportgemeinschaft Pneumant den Baracken-Treff in eine beständigere Form überführt, stellte man Matthias Bogdan den Jugendlichen vor. »Ich weiß noch, wie ich dort reinkam und sich die 18-Jährigen auf dem Sofa lümmelnd angehört haben, wer ich bin und was ich so mache.« Nach kurzer Abstimmung habe er gleich eine Antwort von ihnen erhalten: »Okay, den nehmen wir.«

Ausbildung zum Designer für Spielzeuggestaltung

Ein Glücksfall, denn mit der 20-Stunden-Stelle konnte der gebürtige Dessauer, der seine ersten sechs Lebensjahre im Dorf Thießen bei Coswig (Anhalt) verlebte, nicht nur seine Familie absichern, sondern auch in einen Arbeitsbereich einsteigen, mit dem er bereits während des Studiums an der Ingenieurschule im thüringischen Sonneberg in Berührung gekommen war. Dort ließ sich der gelernte Holzmodellbauer zum Designer für Spielzeuggestaltung ausbilden. Dass er 1986 unter 300 Bewerberinnen und Bewerbern einen der 12 begehrten Studienplätze erhielt, darauf ist der Sozialpädagoge bis heute ein bisschen stolz, wie er verrät. »Diesen Studiengang gab es nur in Sonneberg. Wir haben unter Berücksichtigung von Kinderpädagogik, Psychologie und Ergonomie gelernt, Spielzeug zu designen.«
Spielzeug entwickeln – das war genau das, was Matthias Bogdan beruflich machen wollte. Im Sommer 1989 bestand er mit Auszeichnung und begann, am Institut für Spielzeug Sonneberg zu arbeiten. Eine von ihm entworfene Serie historischer Boote war gerade produktionsreif, aber die Wende kam dazwischen und der damals 26-Jährige verlor seinen Job.
Den Kopf in den Sand stecken, das ist bis heute nicht seine Art, und so gründete der Holzgestalter einen Tag vor der Währungsreform gemeinsam mit fünf anderen Kollegen eine eigene Firma. Seine Erlebnisse aus der Wendezeit könnten ein eigenes Buch füllen – angefangen beim Ideenklau durch westdeutsche Firmen bis hin zu jenem Gespräch beim Spielzeug-Autobahn-Hersteller Carrera in München, der die Entwicklungsabteilung der jungen ostdeutschen Firma einkaufen wollte. Den Satz eines der Chefs habe er bis heute nicht vergessen: »Mit dem Pullover können Sie bei mir nicht arbeiten.«

Mit Frau und Kindern in die Spreestadt

Ein Umfeld, in dem der Designer nicht tätig werden wollte. »In Fürstenwalde war es damals dagegen noch möglich, das soziale Leben zu gestalten und voranzubringen«, erinnert er sich. Und so war es nur eine Frage der Zeit, bis er mit seiner Frau und den Kindern dauerhaft in die Spreestadt zog.

Die ausschließliche Selbstständigkeit gab der Neu-Fürstenwalder 1997 auf, denn seine Arbeit im Südclub nahm immer größere Dimensionen an. Gern denkt er an sein erstes Stadtteilfest 1998 zurück, bei dem alle im Viertel mit angepackt haben, und an die erste Club-Generation, »die eine Horde von Bikern und Schraubern war und immer Bock aufs Bauen hatte«.
»Die Zeit der echten Sozialarbeit«, wie er es nennt, begann zur Jahrtausendwende, als die jüngeren Schülerinnen und Schüler nachrückten und sich extreme Sichtweisen breitmachten. Regelmäßig tauchten Rechte und Linke auf, die den Club zerlegen wollten. Der Sozialarbeiter und sein Kollege Micha Müller setzten auf ehrliche Gespräche und konnten damit so manche brenzlige Situation entschärfen. »Der Südclub hat sich nie zuordnen lassen, und das ist bis heute so«, betont Matthias Bogdan.

Auch die Jugendlichen packten mit an

Im Jahr 2000 dann der große Meilenstein: Die Stadt stellte ein Grundstück für einen neuen Club zur Verfügung. Es war völlig verwildert und ein Ablageort für Schlacke und Schutt aus dem Reifenwerk. Auch Panzersperren aus dem Zweiten Weltkrieg fanden sich dort.
Nicht nur der Clubleiter, auch die Jugendlichen selbst packten mit an, um das Grundstück von Gestrüpp und Müll zu befreien. Ein Osterfeuer, bei dem die Äste verbrannt wurden, markierte den Neuanfang. Bis September 2001 entstand das neue Clubhaus – achteckig, zehn Meter hoch, bunt, aus Holz, mit Papierplattendämmung und Solaranlage auf dem Dach, ein Niedrigenergiehaus, selbst entworfen von ihm und seinen Jugendlichen. »Wir waren damit der Zeit voraus«, sagt Bogdan nicht ohne Stolz in der Stimme.
»Ich bin ein Fan davon, mit wenig Aufwand und wenig Geld etwas zu machen«, fährt er fort. Und das vermittelt er auch den jungen Menschen, die seit einigen Jahren jedoch immer schwerer zum Mitmachen zu motivieren sind. Visuelle Medien hätten zu neuen Abhängigkeiten geführt und dazu, dass Kinder nicht mehr lange an einer Sache dranbleiben können. Im Südclub gibt es dennoch genug Kinder und Jugendliche, die selbst etwas aufbauen wollen – sei es bei den Spielplatzprojekttagen oder dem Waldfest.
Etwa 60 Schülerinnen und Schüler ab acht Jahren kommen regelmäßig nach dem Unterricht her, sieben Sozialarbeiter sind für sie da. »Wir haben schnell gemerkt, dass zum Bauen zu wenig Platz ist«, erklärt der Clubleiter. Beim Anblick der alten, geschützten Maulbeerbäume auf dem Nachbargrundstück sei ihm schließlich die Idee gekommen, dort einen Bauspielplatz einzurichten, in den die seltenen Bäume integriert werden könnten.

Die Ideen kommen von den Kindern

Wie schon so oft bei Behördengängen gelang es Matthias Bogdan 2007, die Fürstenwalder Stadtverordnetenversammlung mit seiner Begeisterung für das Projekt zu entflammen. Der

rechte Seite:
Auf dem Bauspielplatz kann jeder seine Ideen einbringen.

Südclub bekam den Zuschlag und der Bauspielplatz war geboren. Das Konzept ist einfach: Es gibt ein paar feste Objekte, wie die erste Bude und die Werkstatt, alles andere ist stets im Wandel. »Die Ideen zu einem Haus oder Objekt kommen von den Kindern, die Sozialarbeiter helfen dann bei der Grundkonstruktion, damit sie hält und sicher ist. Alles andere machen die Jugendlichen allein, wenn sie Lust dazu haben. Das kann schon mal ein Jahr dauern, bis alles fertig ist«, erläutert der Holzgestalter.

Entstanden sind dabei schon viele Gebäude: ein Hochhaus, das sich in die Baumkronen schmiegt, eine Art Burg und Palettenbuden. Oft werden auch ausgemusterte Spielgeräte von öffentlichen Spielplätzen und Altholz abgegeben, die hier in abgewandelter Form ein neues Zuhause finden.

Platz für die nächste Generation

25 Jahre lang hat Matthias Bogdan den Südclub geleitet. Seit dem Trägerwechsel zum Verein KulTuS aus Buckow im Januar 2022 hat er sich nun bewusst von diesem Posten zurückgezogen, um Platz für die nächste Generation zu machen und wieder mehr Zeit für freiberufliche Aufträge zu haben. Manchmal falle es ihm noch schwer, sich zurückzuhalten, gibt er lachend zu. Fachberatung und Projektarbeit gehören nun zu seinem Kerngeschäft. Und es bleibt wieder mehr Zeit für seine Leidenschaft: Designen und Bauen. »Ich habe das Gefühl, gerade wieder zurück zu den Wurzeln zu gehen«, stellt Matthias Bogdan fest. Eine eigene Website wolle er sich einrichten, das Projekt »Campus Kultur – Burg Beeskow & KulTuS e.V.« im ländlichen Raum weiter begleiten und natürlich Spielplätze bauen. Aktuell beschäftigt er sich mit dem Thema Spielräume in der Natur. Und wie sollte es anders sein: Auch dafür hat er schon Ideen im Kopf.

KINDER

vorherige Seiten:
Darf jetzt einfach nur sein: der Große Milasee

linke Seite:
Christina und Peter Pantas haben viele schöne, aber auch schlechte Erinnerungen an den Milasee.

Naturruhe

Andreas Batke

Zwischen Kehrigk und Limsdorf führt die L74 entlang eines Truppenübungsplatzes durch eine Moränenlandschaft. Bundeswehrseitig wird die Straße durch einen Zaun gerahmt. Dort warnt die Standortälteste vor dem Betreten des Geländes. Durchgehende Linien an den Straßenrändern verweisen auf ein Parkverbot.

In dieser Abgeschiedenheit, zwischen der Monotonie rotbrauner Kiefernstämme und dem hellen Dünensand abzweigender Forstwege, finden sich Jugenderinnerungen. Und so parken im Nirgendwo illegal Autos: Sachsen vom nahen Campingplatz in Alt Schadow und Einheimische suchen hinter den Moränenhängen einen reinen, einen exklusiven Garten der Ruhe. Den finden sie an zwei skandinavisch anmutenden Waldseen. Einen kleinen runden Milasee. Mit seinen flächigen Ufermooren hält er den Besucher auf Abstand. Und den Großen Milasee. Er ist gestreckt und nahbarer. Er zieht unseren Blick in sein Wasserdunkel. Er zieht uns die Kleidung aus. Das Handy ist ohne Empfang. Zu hören sind nur verhaltene Rufe von Meisen aus den Baumkronen. Beim Eintauchen formt sich im Kopf des Schwimmers ein drängendes, pulsierendes Surren. Das Wasser gleitet weich durch die Finger. Es ist ein toller, ein mystischer Ort.

Paradies wird touristisch nutzbar gemacht

Das müssen auch jene Planer empfunden haben, die 1950 dieses Paradies aus der Waldgemeinschaft gerissen haben. Dieser Ort musste touristisch nutzbar gemacht werden. Baracken für ein Kinderferienlager der Humboldt-Universität Berlin wurden errichtet. Ein Steg wurde gebaut. In Alter und Wuchshöhe nahmen sich Ferienkinder und die umstehenden Kiefernkulturen damals kaum etwas. Somit war der Blick weit. Die Hoffnungen und Wünsche an die neue sozialistische Zukunft waren es auch. Aufbruchsstimmung herrschte in der jungen DDR. Und die Kraft dazu sollte auch von diesem Ort kommen. Der Autor selbst hat ein dösiges Wochenende mit seiner Klasse in Stufe 7 dort verbracht. Da hat er sich auf einem Gang um den See verschämt an nackten Sonnenbadern vorbeigeschlichen. Er hat damals selbstverständlich nicht nackt gebadet. In kurzen Hosen, Nicki, Sandalen und grobkarierten Kniestrümpfen hat er gegrillt, Tischtennis gespielt, nachts kaum geschlafen und seine ersten Fotos gemacht!

Christina und Peter Pantas haben das Objekt über die Wendezeit geführt. Peter Pantas, Landjunge aus dem Norden der Republik, war lange leitender Mitarbeiter im Rektorat der Humboldt-Universität Berlin. Christina Pantas, Kind der Hauptstadt, war zuvor im Berliner VEB Kraftwerksanlagenbau angestellt. Mitte der Siebzigerjahre führte es Peter Pantas beruflich zu Schulungen Freiwilliger Feuerwehren erstmals an die Milaseeen. Danach ging es zur Naherholung mit Familie an den Wochenenden dorthin. Noch vor dem Niedergang der DDR wurde Peter Pantas das Leben in Berlin zu belastend und er war froh, eine Aufgabe angeboten zu bekommen fern von Politik und Universitätsbetrieb.

Fahrdienst, Naturführer, Wunscherfüller

Unter ihrer Leitung öffneten sie noch zu DDR-Zeiten den Lagerbetrieb für Klassenfahrten. Zuvor stand das Lager vornehmlich Universitätsbediensteten und ihren Kindern offen. Bis zu 200 Personen konnten beherbergt werden. Familie Pantas wohnte auf dem Gelände. Sie war rund um die Uhr Fahrdienst, Naturführer, als es dem Förster zu viel wurde, Mama, Papa, Wunscherfüller. Was die Köchin kochte, war bestimmt gut. Die Tomatensauce von Frau Pantas war besser. Liebe geht ja durch den Magen, daher besteht zu vielen Gästen heute noch Kontakt. Ein Hauskauf und Umzug ins nahe Kehrigk schaffte Anfang der Neunzigerjahre etwas räumliche Distanz, gedanklich blieben beide aber immer am See.

Die Arbeit am Milasee ab 1990 war eine andere. Aus dem Kinderferienlager der Humboldt-Universität war das vereinsgeführte »Kindergästehaus am Milasee« geworden.

Das Gemaule einer Leipziger Lehrerin über DDR-Chic gleich nach der Wende ist Peter Pantas noch heute präsent, auch eine für ihn unfassbare Sauforgie von Silvester feiernden Bänkern. Ständig investierte der Verein »Kinder und Natur« in Küche, Bodenbeläge, Anstriche, Heizung – und in Zeit sowieso. Im April 1997 fanden Pantas' alles in Scherben. 200.000 Mark Schaden, verursacht über Nacht durch Jugendliche aus benachbarten Dörfern. Türen und Fenster waren eingeschlagen,

Lebensmittel klebten an Wänden, und die Feuerlöscher waren entleert. Mit großzügiger finanzieller Unterstützung seitens des Landes, Wochenend-Aufbauaktion mit Sendung im Fernsehen des Ostdeutschen Rundfunks Brandenburg und privaten Spenden gelang zwar ein Wiederaufbau, aber dem Paar sollte bald der Atem ausgehen. In beiden hatte der Anschlag nachhaltige Spuren hinterlassen. Sie wurden krank.

Zurück zur Natur – zum Wohle der Seen

Nach den Pantas' wechselten sich mehrere Lagerleiter mit neuen Pächtern ab, Naturinteressierte mit Rowdies und Ganoven. Es wurde ungehemmt unterschlagen, geklaut, vollends zerstört. Rasch ging es bergab. Das Lager galt bald als Problemfall, und die Untere Naturschutzbehörde entschied zum Wohle der Seen, das Gelände wieder an die Natur zu geben.

Mit der finalen Saison 2002 endete die Nutzungsgeschichte »Ferienobjekt Milasee«. Die Gebäude wurden abgetragen und die Zuwegung zugeschoben. Verbauter Asbest und polyzyklische aromatische Kohlenwasserstoffe in den Dachpappen machten den Abriss teuer und langwierig. Erst 2007 konnte die Geländesanierung abgeschlossen werden. Junge Kiefern eroberten die Freiflächen.

Peter und Christina Pantas waren seit ihrem Abschied kaum mehr dort. Zuletzt wohl 2006. Sie fürchten, durch neuerliche Besuche kämen die schlimmen Bilder wieder hoch. Trotz der überwiegend schönen Erinnerungen: Peter träumt noch regelmäßig vom zerstörten Gästehaus. Beide sind nach Bad Saarow gezogen, auch wegen der Nähe zum Krankenhaus. Zum Baden geht es heute für sie in die dortige Therme.

Kur von menschlicher Nutzung

Ihrem Wirkungsort, den umliegenden Forstflächen und beiden Milaseen, wurde von der Landesregierung im Juni 2003 eine unbefristete Kur von menschlicher Nutzung verordnet. Der Große Milasee gilt als sauberster See des Naturparks Dahme-Heideseen. Eine Verordnung der Europäischen Union verpflichtet Deutschland zu nachhaltigem Erhalt. Das heißt, eine qualitative Verschlechterung des Biotops soll es nicht geben.

Im Flachwasser – oder zumindest mit seinen Füßen im Wasser – wächst Europäischer Strandling. Ein unscheinbar krautiges Wegerichgewächs. Ein nährstoffreiches Umfeld, Wellenschlag und Tritte verträgt die stark gefährdete Art nicht. Folgerichtig weist die Naturschutzverordnung unter anderem zum Wohle des Strandlings ein Wegegebot und ein Badeverbot aus. Dass die Uferwälder nicht mit dem Auto befahren werden, dort nicht geangelt, campiert, vermüllt oder Feuer gemacht wird, scheint selbstverständlich. Doch sommers ist jede dieser Verfehlungen zu beobachten. Wenngleich die Anzahl der Störer überschaubar bleibt: Ist es fair, dass wir in einem Landkreis mit unzähligen naturnahen Seen die Natur auch in ausgewiesenen Schutzgebieten bedrängen?

Baden und Tauchen sind verboten

Das Sammeln von Pilzen ist in der zweiten Jahreshälfte im Naturschutzgebiet gestattet. Auch das Betreten eines 100 Meter breiten Strandstreifens im Nordosten des Großen Milasees ist möglich. Baden und Tauchen aber sind verboten. Die ursprünglich geplanten Absperrungen nach wie vor trittgeschädigter Uferbereiche außerhalb des begehbaren Strandstreifens gibt es bisher nicht. Der Schritt zu einem Totalreservat wäre möglich gewesen, doch die Landesverwaltung setzt auf die Selbstverantwortung beim besuchenden homo capitalismus. Konsequent ist das nicht. Es ist ein Kompromiss. Wilhelm Busch dichtete: »Drei Wochen war der Frosch so krank! Jetzt raucht er wieder. Gott sei Dank!«

Welche Alternativen bieten sich aber nun einem bockigen Halbsorben und Autor, Sachsen und Berlinern, die so gerne einsam eintauchen und doch den Milasee schonen möchten, auf Sommerfrische? In viereinhalb Kilometern Entfernung wartet der Godnasee. Er bietet ebenso einen beschatteten Waldparkplatz, eine seenahe Sanddüne, weiches, klares Wasser und versteckte Buchten.

Im Lada Niva zum Godnasee

Diesen Godnasee hat der Autor erst vor wenigen Jahren für sich entdeckt. In einem Lada Niva, mit vier Personen und zwei Hunden beladen, ging es bei offenen Fenstern an einem Augustnachmittag bei griechischer Filmmusik zum Baden. Es roch nach Ostblockkunststoff, Kiefern und heißem Hundeatem. Das erste, durch den Forst schimmernde, erlösende Seeblau ist unvergessen. Diese ölige Anfahrt. Gar verlässt er das kochende Auto. Der Hundemief. Die schwermütige Augusthitze und Musik ... Beim Eintauchen ins Wasser hat es laut gezischt. Diese Entdeckung kann sehr gut mit den Reizen des Milasees mithalten! So war der Godnasee nicht die erste Liebe, ist aber zu seiner dauerhaften geworden.

Der Landkreis Oder-Spree mit seinem Berliner Speckgürtel ist seit jeher starkem Ansiedlungs- und Freizeitdruck ausgesetzt. Kein Ort bleibt unberührt. Der Milasee ist ein seltenes Beispiel für Nutzungsverzicht, für mehr Naturruhe. Darum endet dieser Text mit einer allgemeinen Bitte um Rücksicht und einer eskapistischen Liedtextzeile vom Sänger Bruckner. »Fuji« heißt der Titel: »Kein GPS. Schlechtes Netz. Endlich verloren. Perfekt!«

rechte Seite:
Das in der Nähe brütende Seeadlerpaar ist ein Profiteur der jungen Ruhe am Großen Milasee.

IBC

CLAAS
LOS WF 5

vorherige Seiten:
Unverzichtbar: die Arbeit mit dem Harvester, einer Holzerntemaschine, die Bäume fällt, entastet, ablängt und die Sortimente am Gassenrand ablegt

linke Seite:
»Holz muss man anfassen«: Richard Tschuschke ist Geschäftsführer der waldform GmbH in Ragow.

Von Zöpfen und Schwarten

Wolfgang de Bruyn

»Nein, Brennholz ist ausverkauft. Und Kaminholz erst recht. Wir kommen einfach nicht hinterher mit sägen und spalten.« Richard Tschuschke steckt sein Handy in die Brusttasche der Schnittschutzhose. »Entschuldigung, aber das ist doch die reinste Panik. Wenn die Gluthitze so weitergeht, werden wir noch mehr Brennholz haben als uns lieb ist.« Gerade will ich nach dem Unterschied zwischen Brenn- und Kaminholz fragen, da kracht neben uns ein riesiger Eichenast zu Boden und bohrt sich in den Sand. Eicheln rieseln und rascheln hinterher. Dann ein Ächzen, als ob der Baum stöhnen würde. Plötzlich ist es still. »Der schiebt sein Gewicht neu zurecht«, sagt Tschuschke und zieht mich aus der Gefahrenzone. »Durch die Trockenheit kann der Baum Spannung und Elastizität in den Ästen nicht mehr richtig aufbauen, um seine Zentner zu halten. Dazu das Laub und die wachsenden Eicheln. Eigentlich müsste man gefährdete Waldgebiete sperren. Mit Verkehrssicherungspflicht hat das nichts mehr zu tun.«
Wir steigen in den höhergelegten, grünen Transporter und fahren über Briescht, Kossenblatt und Schwenow den ASP-Zaun ab, die letzte Hürde, um den Unterspreewald vor der Schweinepest und deren weiterer Ausbreitung zu schützen. »Den haben wir gebaut. In Akkordzeit sollte der fertig werden. Das schafft man nur mit einem eingespielten Team. Und der Pflegevertrag sieht regelmäßige Kontrollen vor. Wir beseitigen Schäden, prüfen die Tore, halten die Vegetation kurz. Aber eigentlich haben wir ganz andere Sachen auf dem Schirm.«

Unabhängig mit einem Sägegatter

Der Geschäftsführer der waldform GmbH mit 16 Leuten wirkt bescheiden, fast schüchtern, wenn er erzählt. Dabei könnte er bei seinem Werdegang ganz anders auftrumpfen: Im Landesbetrieb Forst Brandenburg hat er in der Oberförsterei Müllrose Forstwirt gelernt. Mit 19 Jahren macht er sich 2010 selbstständig. Seinen Traum von Unabhängigkeit als Jungunternehmer erfüllt er sich mit einem Sägegatter, einem mobilen Lohnsägewerk. Der Name Tschuschke ist in der Region ein Begriff, denn schon sein Vater fuhr damit von Kunde zu Kunde, um vor Ort Holz zu Bauholz zu schneiden. Einen Termin zu ergattern war wie Goldstaub. »Wood-Mizer LT 40. Jemand, der sehr sparsam und nachhaltig mit Holz umgeht, heißt das ungefähr übersetzt.« Fast ein wenig andächtig spricht Tschuschke den Namen aus. »Das war der Anfang, der 2013 mit dem Sonderpreis des Arbeitskreises Existenzgründerpartner ODERLAND belohnt wurde. Radlader, Traktoren, Harvester, Forwarder, das sind die Rückezüge, kamen nach und nach dazu.«
70.000 Festmeter schafft er mit seinen drei Vollerntern im Jahr im Privat- und Landeswald, 700 davon arbeitet seine Mannschaft in Ragow selber auf. Je nach Auftrag werden daraus Bretter, Dachlatten, Bohlen, Kanthölzer, Balken. Die Preise der Holz- und Baumärkte kann er locker unterbieten, die Qualität stimmt. Und wer es wissen möchte, dem sagt er auch, aus welcher Gemarkung das Holz stammt, das in Beeskow, Müllrose oder der Berliner Ecke dann verbaut wird.

»Der summt wie ein Bienchen«

»Punkt zwölf muss ich auf dem Betriebsgelände sein, einen unserer John Deere übernehmen. Nothing runs like a Deere. Der summt wie ein Bienchen, aber ständig bewegt muss er werden, damit er auch seinen stolzen Preis wieder einspielt.« Auf der frisch geschotterten Forststraße Richtung Ragow holt uns die eigene, riesige Staubwolke ein. Birken mit schrägen roten Strichen beidseits der Stämme verkünden ihr Todesurteil. »Von denen bleiben nicht viele übrig. Pilze und Trockenheit. Die müssen runter, ehe das Holz wertlos wird. Den Wald in Form bringen, aber auch formen. Nachhaltig, regional und mit den richtigen Konzepten. So sind wir auf unser Logo gekommen. Und Forstbetrieb Mark Brandenburg im Untertitel macht das noch einmal deutlich. Trocken- und hitzestresstolerant, sturmsicher, Schädlingen trotzend – und wachsen soll er auch noch tüchtig. Aber den Baum der Zukunft können wir uns nicht backen.« Tschuschke biegt auf die B87 ein. »Dort drüben, neben Schlieper und dem Blitzer direkt gegenüber, entsteht unser neuer Firmensitz. Am 15. Dezember feiern wir Einweihung. Und im Januar 2023 wird unsere GmbH sechs Jahre alt.«
Auf dem weitläufigen Gelände sind Rundhölzer gepoltert. Weiter hinten stapeln sich Sparren. Und die Sitzgarnitur aus Robinienholz hätte als Hingucker einen Platz direkt an der Zufahrt zum Gelände verdient. Schwedenfeuer/Räucherspäne

steht auf einem Schild, das in Richtung des jetzigen Bürogebäudes in der Siedlung weist. Zehn Hochsitze sind in Arbeit, die den Blick zum Fuhrpark verstellen. Was etwas willkürlich aussieht, hat seine wohldurchdachte Ordnung. Berge von Holz, die darauf warten, zu Hackschnitzeln geschreddert zu werden, säumen das Gelände: Zöpfe, die grobastigen, oberen Schaftenden der Bäume, meistens aber Schwarten, die beim Gattern von Rundholz beim ersten und letzten Schnitt entstehen.

Eingeschossiger Bau mit Satteldach

Stolz zeigt mir Tschuschke den eingeschossigen Rohbau mit Satteldach. Gewaltige Rundhölzer tragen den Vorbau, der sich wie ein Laubengang rundum zieht. »Lärche«, sagt er und streicht über den glatten Stamm. »Man erkennt es an der leichten Rötung. Ob wir verbrettern oder verklinkern, diskutieren wir noch. Das Gebäude soll ja ein wenig dafür stehen, was wir tun.« Büros, ein Sanitärtrakt, Schulungs-, Beratungs- und Aufenthaltsraum. »Der einheimische Baustoff Holz, PEFC- und FSC-zertifiziert; viel mehr geworben müsste dafür noch werden, auch von der Politik. Zur Einweihung haben wir den Ausbildernachweis in der Tasche und hoffentlich zwei Azubis, die uns helfen und Ideen einbringen.«

Tschuschkes Augen glänzen, als er erzählt, wie der Beratungsraum gestaltet werden soll; breite Bohlen als Tische, rustikale Stühle aus eigener Produktion. Für die Schulung der Waldbesitzer die Symbole zum Auszeichnen der Bestände groß an der Wand. »Wenn ich denen erzähle, dass sie auch mit Kleinstflächen aus steuerlicher Sicht ein forstwirtschaftlicher Betrieb sind und Einkünfte der Einkommenssteuer unterliegen, schauen die mich groß an.« An der Schmalseite eine Musterkollektion heimischer Hölzer, die waldform verarbeitet; unbesäumte Brettenden, auf denen man die Maserung gut erkennt. »Sehen ist das eine«, sagt Tschuschke, »Holz muss man anfassen – und begreifen. Im vorigen Jahr haben wir auf Kundenwunsch eine uralte Walnuss und eine Wildbirne im Gatter aufgeschnitten. Von der Maserung und dem Farbenspiel war sogar meine Mannschaft begeistert. Und das will was heißen.«

Acht Räder, auf denen 23 Tonnen lasten

»Da sind wir«, sagt Tschuschke. Es klingt, als wäre das unzweifelhaft der Höhepunkt unserer Tour. »2018 haben wir uns den Harvester John Deere 1270G geleistet. Mit Speisenwärmer und Kühlschrank in der klimatisierten Kabine.« Er lacht. »Diese Technik hat mich schon als kleiner Junge begeistert. Einen Tieflader zum Umsetzen haben wir uns zwar voriges Jahr zugelegt, aber die paar Kilometer quer fahre ich so.«

Über mir, aus der Kabine, grüßt Tschuschke noch einmal. Dann ein sattes Brummen und die acht Räder, auf denen 23 Tonnen lasten, mahlen sich in den Sand.